Para nossa doçura
preferida e talentosa!
Com amor,
Germana Alves
e
Gustavo Alves

Para a senhora continuar a adoçar nossas vidas com as suas delícias...

Bolos, cupcakes e outros quitutes

FIONA CAIRNS

Fotos de Laura Hynd

PUBLIFOLHA

Para Kishore, Hari e Tara, com amor.
Obrigada por terem me dedicado seu verão.

Assar e saborear bolos e biscoitos tem tudo a ver com lar, conforto e prazer. É claro que não fazem parte da nossa dieta diária nem são essenciais para o nosso sustento, mas são vitais para nossa alma. Bolos podem ser uma excelente oportunidade para reunir amigos e parentes em torno de uma mesa, mas você também pode saborear sozinho, sem culpa. São sempre apreciados quando oferecidos como presente e representam o *gran finale* de uma comemoração luxuosa com muitos convidados. Entre tantas memórias, jamais me esqueço do inigualável aroma que sai do forno e se espalha pela casa e da textura leve.

Bolos criam lembranças. Eu gostaria que nossos filhos também tivessem essas memórias. Para muita gente, assar bolos e biscoitos foi o primeiro contato com a cozinha, e eu me lembro que brigava com meu irmão para ter o privilégio de raspar e lamber a tigela. Até hoje, uma vez ou outra eu me surpreendo passando o dedo no que restou de uma mistura de chocolate derretido, sedoso e ainda quente, e levando-o à boca com inegável prazer. Infelizmente, por conta de nossa vida agitada, a maioria das pessoas não tem tempo nem conhecimento para preparar um bolo. Eu quero mudar isso. Espero mostrar neste livro que o processo de assar e decorar um bolo é tão prazeroso quanto comê-lo, e você talvez se surpreenda com isso. Todos nós temos certa dose de insegurança e cometemos erros, até mesmo os profissionais, portanto a falta de confiança não é motivo para não tentar. Certa vez quando fazia bolos para o Natal, perdi um brinco no meio da massa e só consegui encontrá-lo com o auxílio de um detector de metais!

Neste livro, você encontrará receitas muito simples e bem explicadas de bolos que podem ser decorados ou não, dependendo do seu estado de espírito e da ocasião. Se tudo isso for novidade para você, primeiro tente fazer algo bem fácil – um Bolo Vitória (p. 24) ou uma das receitas que não exigem cozimento, como as suntuosas Barrinhas douradas de chocolate (p. 68) – e partir daí para outros.

A confeitaria difere de outros ramos da culinária porque exige medidas exatas, regras básicas e a regulagem correta da temperatura do forno. Isso significa que você precisa seguir atentamente as receitas do capítulo *assar*. As regras e instruções o colocarão no caminho certo para o resto de sua vida. Todas as receitas funcionam perfeitamente; se você as seguir ao pé da letra, sempre terá como resultado um bolo bonito com sabor maravilhoso. Não se preocupe, meu discuro mandão acaba aqui.

As criações do capítulo *decorar* pretendem despertar a sua imaginação. Minha intenção é dar-lhe um ponto de partida. Se você se sentir tentado a reproduzir alguma ideia, eu já consegui meu objetivo.Também dê uma olhada na seção "25 boas ideias" (p. 202), que o ajudará a decorar um bolo com um mínimo de esforço.

A decoração de bolos pode parecer assustadora, mas neste livro não existem tarefas difíceis. Algumas das opções exigem apenas um pequeno kit de utensílios e um pouco de conhecimento prévio. Em outros, usei objetos comuns que temos em casa, como balinhas, fitas ou flores frescas. Essa atividade o fará redescobrir os antigos prazeres de criar coisas bonitas com suas próprias mãos.

À medida que ganhar confiança e desenvolver habilidades, sua fama vai crescer. Você se tornará o melhor anfitrião da cidade, e seus convites para chás ou jantares serão disputados devido à sua capacidade de criar bolos maravilhosos com elegância, charme e glamour.

As mães encontrarão neste livro novas maneiras de animar uma festa de aniversário infantil e transformá-la em sucesso. Experimente fazer os graciosos Chapeuzinhos (p. 173) ou os encantadores Copinhos de sorvete (p. 160) que não derretem.

Se você é mais chegado a reuniões como o chá ou café da tarde, faça os delicados Biscoitos rendados (p. 192) e o Bolo de chocolate branco e água de rosas (p. 18), que deixará os convidados loucos pela receita. Para aquecer em um dia de inverno, apresente o Bolo de gengibre (p. 28) e os Cupcakes de chocolate com pimenta (p. 167).

Seja qual for o seu estilo, meu livro o ajudará a criar a mais perfeita e deliciosa ocasião para seus amigos e familiares, quando o bolo será a estrela principal, e o confeiteiro que o preparou refletirá o seu brilho. Felicidades!

ingredientes

Uma regra de ouro da culinária: quanto melhores os ingredientes, mais deliciosos os resultados. Por isso, não faça economia, compre o melhor que encontrar.

açúcar
O açúcar não refinado tem muito mais sabor, por isso procure usar açúcar demerara em lugar do branco (exceto no caso do suspiro, que deve ficar branco como neve). As variedades de mascavo mantêm o sabor do melado e são deliciosas.
Se empedrar (como acontece quando a embalagem fica aberta), coloque o conteúdo em um recipiente refratário, cubra com papel-alumínio e aqueça em forno muito baixo.

água de rosas e água de flor de laranjeira
Encontradas com maior facilidade em lojas de produtos do Oriente Médio.

baunilha
Use somente essência pura ou favas de baunilha. Evite produtos que tenham no rótulo "sabor baunilha", porque são sintéticos, e o sabor fica muito distante do verdadeiro. Prepare o seu próprio açúcar baunilhado: coloque 3-4 favas de baunilha em um recipiente com açúcar refinado e deixe por 1-2 semanas. Reponha o açúcar à medida que for usando. É inigualável para assar ou polvilhar sobre biscoitos, bolos e frutas.

chocolate
Existe uma enorme variedade de chocolate de alta qualidade com diversas porcentagens de cacau. Nas receitas, indico o tipo mais adequado. Quando especifico o chocolate ao leite, use um tablete com pelo menos 30% de massa de cacau. Quando a receita pede chocolate branco, compre tabletes de chocolate suíço de boa qualidade, que é o melhor para cozinhar e preparar a ganache. Se não encontrar, use chocolate branco fracionado que também costuma dar bom resultado.

cítricos
No caso das frutas cítricas, se precisar usar a casca ralada, sempre lave bem antes de usar.

especiarias
Compre pequenas quantidades e guarde-as em vidros bem fechados, em local escuro. Prefira noz-moscada inteira e rale-a na hora, quando necessário; o sabor é incomparável.

farinha de trigo
Uso farinha não branqueada, porque tem mais sabor, é mais pura e livre de substâncias químicas. Se não encontrar, use farinha moída em moinho de pedra ou outra de boa qualidade.

manteiga
Nas receitas, pede-se sempre a manteiga sem sal. Há algumas exceções, como na de Biscoitos amanteigados, na qual especifico o uso da manteiga salgada (p. 74). Nunca uso margarina. Ela até produz um bolo leve, porque foi batida no processo de fabricação, mas, se você seguir minhas instruções ao bater manteiga, obterá o mesmo efeito e com um sabor muito superior.

melado e xarope
Ficam bem mais fáceis de medir se primeiro você untar a colher ou mergulhar em água fervente.

nozes e outras oleaginosas
Compre em poucas quantidades, para consumo rápido, pois as oleaginosas ficam rançosas em pouco tempo. Não deixe de torrá-las como sugiro, porque o calor libera seus óleos e intensifica o sabor. Se sobrar, podem ser congeladas.

ovos
Prefira os orgânicos ou de galinhas criadas em liberdade. Nas receitas, uso ovos de tamanho grande.

pasta americana
Facilita muito o trabalho de cobrir e decorar bolos. Por ser encontrada facilmente, creio que não vale a pena fazê-la em casa. Quando é sovada, a pasta se torna maleável e dá aos bolos um belo acabamento liso. Também é ótima para modelar, funcionando como a massa de modelar das crianças. Existe em muitas cores, mas prefiro colorir as minhas para obter tons diferenciados e mais interessantes.

utensílios

balanças e medidas

O processo de assar é uma ciência exata. Você não poderá juntar uma colherada a mais disso ou daquilo. É preciso medir tudo com precisão. Uma boa balança digital é essencial.

creme de manteiga (ou buttercream)

300 g de manteiga sem sal amolecida
400 g de açúcar de confeiteiro peneirado

Na batedeira, bata a manteiga até ficar clara e fofa. Adicione o aromatizante que vai usar e o açúcar de confeiteiro, e bata por mais 5 minutos, no mínimo.

aromatizantes

baunilha: 2 colheres (chá) de essência ou 1 fava
café: 2 colheres (sopa) de café forte
chocolate: 100 g de chocolate com 70% de massa de cacau derretido e frio, ou 2 colheres (sopa) de cacau em pó peneirado
framboesa/mirtilo/morango: 4 colheres (sopa) de purê da fruta fresca (não líquido demais)
licor: 1 colher (sopa) adicionada lentamente no final
limão/laranja: casca ralada finamente de 2 frutas e suco de 1, acrescentado lentamente no final
nozes: 150 g de nozes torradas, moídas e frias

fôrmas e assadeiras

Compre as de boa qualidade, que duram muitos anos, conduzem bem o calor e não entortam. Fôrmas antiaderentes de fundo móvel facilitam o trabalho. Procure sempre usar o tamanho especificado. Se não tiver, escolha uma um pouco maior (o bolo ficará mais baixo) e diminua o tempo de cozimento em 5-10 minutos.

forminhas de cupcakes e variações

Existe uma variedade cada vez maior no mercado. Os tamanhos e nomes variam, por isso influenciam na quantidade, que pode ser assada de uma vez ou em lotes, e nos tempos de cozimento. Como regra geral, as forminhas bem pequenas são usadas para festas porque podem ser comidas em um só bocado. As médias, normalmente usadas para empadas, servem também para cupcakes, e as maiores, mais fundas, são usadas para muffins.

forno

Os fornos variam bastante: não existem dois iguais. Em fornos com ventilador, é melhor assar os bolos no centro, mas em forno convencional asse na grade mais alta. Sempre coloque as grades na altura certa e preaqueça o forno. É muito útil ter um termômetro de forno, para verificar se a temperatura pedida na receita está correta.

glacê real

1 clara
250 g de açúcar de confeiteiro peneirado

Na batedeira, bata a clara até formar bolhas. Adicione o açúcar aos poucos e continue a bater por 1-2 minutos. A consistência é o segredo: o glacê tem de manter a forma quando sai do bico de confeitar. Para afinar, acrescente água aos poucos. Para engrossar, junte mais açúcar de confeiteiro.

papel-manteiga

Use-o para forrar fôrmas e assadeiras e não se esqueça de untá-lo e enfarinhá-lo para que nada grude nele, principalmente suspiros.

sacos de confeitar

Compre-os em lojas de material para confeitaria, com vários tipos de bicos. Para usar com cremes de manteiga e suspiros devem ser laváveis.

Ensino aqui como fazer um saco de confeitar com papel-manteiga para glacê real. Comece com uma folha quadrada, de 30 cm, de papel-manteiga. Dobre ao meio para formar um triângulo com papel duplo. O meio do lado mais comprido formará o bico por onde o glacê sairá (é onde se coloca o bico). Torça o papel para formar um cone e segure a ponta com os dedos polegar e indicador. Ajuste as camadas de papel até obter uma ponta aguda. (Se for usar mais de 60 g de glacê, faça e use um saco maior.)

Dobre duas vezes os excessos de papel para dentro. Faça dois pequenos cortes nas dobras, a 1 cm de distância um do outro, e depois dobre esse 1 cm para segurar a junção. Encha o saco apenas até a metade e feche bem.

dicas para assar

Como eu disse na seção de ingredientes (p. 8), se usar os de boa qualidade, você já está com meio caminho andado!

leia a receita
Sempre leia a receita inteira, até o final, e só então reúna todos os ingredientes e utensílios de que irá precisar. Isso evita o estresse e torna a tarefa mais agradável.

temperatura das tigelas e ingredientes
Uma cozinha quentinha, ingredientes e utensílios aquecidos contribuem para obter um ótimo bolo. Portanto, quando for preparar um, coloque a tigela e o batedor em uma vasilha com água quente, e enxugue-os muito bem antes de começar. Ao contrário, ao preparar biscoitos, são necessários ingredientes e temperaturas mais frias. Para isso, superfícies de mármore e mãos frias são ótimas. O melhor é tirar os ovos e a manteiga da geladeira na noite anterior. Mas, se for atacado por uma vontade repentina, coloque os ovos em uma tigela de água morna e amoleça a manteiga no micro-ondas.

batendo manteiga com açúcar
Geralmente sugiro 5 minutos de batedeira para bater a manteiga com o açúcar – tanto para massas de bolo quanto para creme de manteiga –, e se você contar os minutos vai achar que é demais. Mas note a diferença: a cor muda, e a mistura fica cada vez mais aerada à medida que vai aumentando de volume, ficando clara e fofa. Durante o processo, raspe a lateral da tigela com uma espátula.

leve como o ar
Quando estiver peneirando farinha, erga a peneira bem alto para que o ar recubra as partículas.

seja paciente!
Não abra a porta do forno para espiar o bolo, principalmente durante os primeiros 15-20 minutos, pois, ao introduzir ar frio no forno, você fará com que o bolo murche irremediavelmente. Se o seu forno tiver uma luz, acenda-a e acompanhe o cozimento através da porta.

quando está pronto?
Enfie um palito bem no centro do bolo. Se sair limpo, ele está pronto. Bolos de cozimento demorado precisam de uma atenção a mais: corte um pedaço de papel-alumínio que se ajuste à superfície. Faça um furo no centro e deixe aberto. Essa técnica deixará sair o vapor enquanto protege a superfície do bolo para não secar nem queimar.

administrando desastres
— Nunca solte o fundo removível de uma fôrma direto sobre uma grade se estiver fazendo um bolo frágil. Antes de desenformar, forre a grade com uma folha de papel-manteiga.
— Se o bolo afundou no meio ou não ficou bem cozido por dentro, nem tudo está perdido. Escave para tirar a parte mole e descarte. Preencha esse espaço com creme de confeiteiro ou chantilly e frutas vermelhas.
— Uma vez, em uma véspera de Ano-Novo, fiz um bolo de chocolate muito grande para uma festa. Eu o tirei do forno antes da hora, e ele ficou cru por dentro. Por isso, cortei círculos da parte assada (evitando o centro), decorei com folha de ouro e arranjei em uma linda travessa. Ninguém percebeu meu erro.
— Ao adicionar ovos à manteiga batida com açúcar, trabalhe bem devagar para a massa não talhar. Se isso acontecer, continue em frente. O bolo talvez não cresça como deveria, mas o sabor será o mesmo.
— Se o bolo ficar muito seco, umedeça-o com vinho do Porto ou outro vinho doce, regue com uma calda ou use-o como base para um pavê.

biscoitos perfeitos
Ao recortar a massa para biscoitos, deixe o menor espaço possível entre um e outro para não ter muitos recortes e ser obrigado a abrir a massa várias vezes (ela vai ficando cada vez mais dura). Ao arrumá-los nas assadeiras, deixe certo espaço entre um biscoito e o outro, pois durante o cozimento a massa se espalha. Quando estiverem prontos, os biscoitos ficarão levemente dourados e talvez pareçam crus por dentro. Não se assuste: ao esfriar, eles ficarão crocantes.

dicas para decorar

esculpir e modelar

Se você pretende modelar um bolo, deixe-o na geladeira ou no freezer por algum tempo (cerca de 1 hora) porque ficará mais fácil dar o formato.

glacê

Espere o bolo esfriar completamente. Ele precisa estar bem frio ou ficará úmido e o glacê não grudará.

superfície lisa

Vire o bolo com o fundo para cima, porque é sempre mais plano que o topo e oferece uma base melhor para decorações. Rachaduras ou defeitos podem ser cobertos e disfarçados com creme de manteiga, pasta americana ou marzipã.

pasta americana

Sove para que ela fique flexível e, se estiver muito grudenta, polvilhe as mãos e a superfície de trabalho com açúcar de confeiteiro. Se a pasta secar, adicione um pouquinho de gordura vegetal. Uma batedeira com o gancho para massas facilita o trabalho.
Guarde em um saco plástico com fecho hermético em temperatura ambiente (nunca na geladeira).
Quando for estender a pasta, polvilhe o rolo e a superfície de trabalho – bem seca – com açúcar de confeiteiro e passe sempre uma espátula por baixo.
É extremamente frustrante vê-la grudar na superfície de trabalho. Nunca guarde um bolo coberto com pasta ou enfeites na geladeira.
Para cobrir um bolo, estenda a pasta de modo que fique maior e sobre bastante nas bordas. Enrole a pasta no rolo sem apertar e estenda-a sobre o bolo. Se houver bolhas de ar, fure-as com um alfinete e esfregue com o dedo para alisar. Quando o bolo estiver coberto, guarde em uma caixa de papelão, e não em um recipiente fechado, porque ele fica úmido. Evite contato com água, o que irá marcá-lo.

colorindo a pasta americana

Coloque a cor na pasta americana no dia anterior em que for usá-la, porque ficará mais fácil de estender e moldar. Mergulhe a ponta de um espeto fino no corante alimentar em pasta da cor desejada e arraste-o de uma ponta a outra da pasta americana. Sove até a cor ficar uniforme e alcançar o tom desejado. Se precisar de tons diferentes, faça o mais escuro primeiro, depois clareie com pasta branca. Quando estiver trabalhando com cores fortes, use luvas para proteger as mãos.

corante alimentar

Use corante alimentar em pasta, nunca líquido.
As cores são muito fortes: uma pontinha de palito de corante marrom ou preto faz maravilhas. Por isso, acrescente sempre quantidades muito pequenas.

escondendo defeitos

Eventuais defeitos ou falhas na cobertura poderão ser "maquiados" com alguma decoração.

transportando bolos decorados

Quando precisar levar um bolo a algum lugar, seja prudente e prepare um kit de reparação – um saco de glacê real e alguns enfeites pequenos – para o caso de algo se soltar ou quebrar. É extremamente importante guardar os bolos em temperatura ambiente e local seco.

cortando um bolo de frutas

Para não esmigalhar, use uma faca bem afiada ou serrilhada. Coloque a faca atravessada no bolo e corte em fatias como se estivesse serrando. Limpe a faca depois de cada corte: assim, ela não ficará grudenta e o glacê permanecerá limpo.

falando sobre congelamento

Um bolo sempre é mais gostoso logo depois de assado, embora alguns durem dias. Depois de tirar fotos para este livro, dei o bolo Jardim de rosas (p. 109), adornado com lindas rosas cristalizadas, de presente para uma vizinha. Na semana seguinte, ela me contou que tinha congelado o bolo inteiro (com rosas e tudo) para servir no fim de semana. Devo ter feito uma cara horrível, porque ela foi buscar o pedaço restante, para eu conferir as rosas intactas, e disse que todos adoraram. Estou contando isso porque, embora eu não seja adepta do congelamento de bolos, tudo indica que funciona!

assar

bolo festivo de chocolate

Esse bolo de chocolate bem escuro é perfeito para uma ocasião especial. Deliciosamente úmido, pode ser servido como sobremesa acompanhado de creme de leite ligeiramente batido ou chantilly e frutas vermelhas. A receita é para um bolo grande, que rende 16-20 porções, mas, se quiser servi-lo para um grupo menor, prepare somente metade da receita, use uma fôrma redonda de 23 cm de diâmetro e 7,5 cm de profundidade e asse somente por 25-35 minutos.

16-20 PORÇÕES

PARA O BOLO

- 300 g de manteiga sem sal cortada em cubos, mais um pouco para untar
- 4 colheres (chá) de café instantâneo
- 400 g de chocolate com 70% de cacau em pedaços
- 280 g de açúcar demerara
- 120 g de farinha de trigo com fermento peneirada
- 10 ovos separados
- ½ colher (chá) de sal

PARA A GANACHE

- 200 g de chocolate com 70% de cacau em pedaços
- 100 ml de creme de leite fresco
- 50 g de manteiga sem sal

Unte uma fôrma desmontável de 30 cm de diâmetro e 7,5 cm de profundidade e forre o fundo com papel-manteiga. Preaqueça o forno a 170°C.

Dissolva o café em 4 colheres (sopa) de água quente. Coloque o café, o chocolate, o açúcar e a manteiga em banho-maria, em fogo baixo, cuidando para que o fundo da tigela não encoste na água. Desligue o fogo, espere alguns minutos e mexa até derreter tudo. Deixe amornar, junte a farinha e misture bem até obter uma massa lisa. Acrescente as gemas, uma de cada vez, mexendo bem depois de cada adição.

Bata as claras com o sal até formar picos firmes e coloque uma grande colherada na mistura de chocolate. Mexa delicadamente com uma espátula para incorporá-la e, quando estiver homogêneo, adicione o restante. Despeje na fôrma, alise a superfície e asse por 40-45 minutos, ou até o bolo ficar firme ao toque e um palito inserido no centro sair limpo. As bordas devem estar começando a soltar da fôrma.

Retire do forno, deixe na fôrma por 5 minutos e depois desenforme sobre uma grade de metal para esfriar completamente.

Para a ganache, derreta o chocolate, o creme de leite e a manteiga em uma tigela em banho-maria, conforme explicado acima. Mexa até ficar liso, retire a tigela e espere esfriar um pouco para engrossar. Despeje sobre o bolo e deixe firmar por 2 horas, no mínimo.

PARA DECORAR veja: Bolo de ouro 23 quilates, p. 82; Exuberância indiana, p. 126; Cupcakes de chocolate com pimenta, p. 167

bolo de chocolate caseiro

O leitelho vai deixar o seu bolo mais fofo e saboroso. Se não o encontrar, coloque ½ colher (sopa) de suco de limão em um copo e adicione leite suficiente para alcançar a quantidade pedida na receita. Espere 1-2 minutos para talhar antes de usar. Outra alternativa é misturar ⅔ de iogurte desnatado com ⅓ de leite.

8 PORÇÕES

PARA O BOLO
175 g de manteiga sem sal amolecida, mais para untar
100 g de chocolate com 50-60% de cacau bem picado
200 g de farinha de trigo
1 colher (chá) de fermento em pó
1 colher (chá) de bicarbonato de sódio
100 g de amêndoas moídas
275 g de açúcar mascavo escuro
1 colher (chá) de essência de baunilha
3 ovos ligeiramente batidos
150 ml de leitelho

PARA A COBERTURA
90 g de chocolate com 50-60% de cacau em pedaços
40 g de manteiga sem sal ligeiramente amolecida e cortada em cubos
1 colher (sopa) de glucose de milho
2 colheres (sopa) de açúcar mascavo escuro
150 ml de creme de leite fresco

Preaqueça o forno a 180°C. Unte duas fôrmas de 20 cm de diâmetro e 4,5 cm de profundidade e forre o fundo com papel-manteiga.

Coloque o chocolate em uma tigela e despeje 120 ml de água fervente. Mexa até derreter, depois deixe esfriar.

Em uma tigela grande, peneire a farinha, o fermento e o bicarbonato, depois misture as amêndoas moídas. Na batedeira (ou em uma tigela com um fouet), bata a manteiga e o açúcar até obter um creme bem claro e fofo (levará 5 minutos). Misture a baunilha com os ovos batidos. Com a batedeira ligada, acrescente lentamente os ovos à manteiga batida com o açúcar, adicionando 1 colher (sopa) de farinha durante o processo para não talhar. Acrescente o chocolate derretido e o leitelho.

Incorpore a farinha restante com muito cuidado e divida a massa entre as duas fôrmas. Asse por 30-35 minutos, ou até os bolos ficarem firmes ao toque. Deixe na fôrma por 1-2 minutos e desenforme sobre uma grade de metal. Retire o papel-manteiga e espere esfriar completamente.

Para fazer a cobertura, derreta o chocolate e a manteiga em banho-maria, tomando cuidado para o fundo da tigela não tocar na água. Retire a tigela do fogo e acrescente a glucose e o açúcar. Por último, vá adicionando o creme de leite e mexendo até formar uma mistura lisa e uniforme. Deixe esfriar completamente e então bata com um fouet até espessar. Espalhe metade sobre um bolo. Coloque o outro bolo por cima e espalhe o creme restante.

PARA DECORAR veja: Lojinha de doces, p. 96; Bolo com serpentinas, p. 119; Espiral de chocolate, p. 144; Cupcakes de menta, p. 164; Presentinhos doces, p. 170

bolo de chocolate branco e água de rosas

Os sabores do chocolate branco, da água de rosas e do cardamomo casam perfeitamente. A ganache de chocolate branco, para rechear, pode dar um pouco de trabalho; por isso, recomendo o uso de chocolate suíço ou fracionado.

8 PORÇÕES

PARA O BOLO
- 130 g de manteiga sem sal amolecida, mais um pouco para untar
- 20 bagas de cardamomo
- 170 g de farinha de trigo com fermento
- 100 g de chocolate branco picado
- 130 g de açúcar
- 2 ovos batidos
- 1 colher (chá) de essência de baunilha

PARA A GANACHE
- 100 g de chocolate branco (fracionado ou suíço) bem picado
- 100 ml de creme de leite fresco
- 2 colheres (chá) de água de rosas

PARA O GLACÊ DE COBERTURA
- 150 g de açúcar de confeiteiro peneirado

Preaqueça o forno a 180°C. Unte muito bem uma fôrma de 20 cm de diâmetro e 7,5 cm de profundidade e forre o fundo com papel-manteiga. Retire as sementes das bagas de cardamomo: abra-as ao meio com a ponta de uma faca, solte as sementinhas e use um pilão para macerá-las até formar um pó. Podem escapar alguns fiapos da casca, por isso peneire o cardamomo moído com um pouco da farinha para retirá-los.

Coloque o chocolate no processador com metade do açúcar. Processe até ficar um pó o mais fino possível. Pegue 2 colheres (sopa) de água quente – não fervente - e espere amornar até que você consiga mergulhar o dedo rapidamente. Despeje a água sobre o chocolate no processador e bata até ter derretido a maior parte. Adicione o açúcar restante e a manteiga em pedaços e bata bem. Acrescente os ovos batidos, a farinha restante e a baunilha e misture bem. Não se preocupe se sobrarem lasquinhas de chocolate na massa.

Despeje na fôrma preparada e asse por 25-30 minutos, ou até um palito inserido no centro sair limpo. Deixe descansar por alguns minutos na fôrma, desenforme sobre uma grade de metal e remova o papel-manteiga. Espere até ficar absolutamente frio.

Enquanto isso, prepare a ganache. Coloque o chocolate em uma tigela. Ferva o creme de leite com a água de rosas e despeje sobre o chocolate, espere alguns segundos e mexa até ficar liso. Espere esfriar, leve à geladeira por alguns minutos e depois bata até engrossar.

O fundo do bolo deve ficar para cima. Corte-o ao meio e recheie com a ganache. Misture o açúcar de confeiteiro com 1½-2 colheres (sopa) de água – deve ficar um glacê suficientemente espesso para recobrir as costas de uma colher. Despeje sobre o bolo e deixe escorrer.

PARA DECORAR veja: Jardim de verão, p. 99; Coração com pétalas de rosa, p. 102

bolo de chocolate e beterraba

A beterraba é um corante natural que resulta em um rosa encantador, por isso costumamos usá-la muito na preparação de bolos. Aqui ela dá cor ao glacê, substituindo o corante artificial. Se quiser um rosa mais forte, adicione também um pouquinho de corante.

10 PORÇÕES

PARA O BOLO

- 180 ml de óleo de girassol, mais um pouco para untar
- 190 g de farinha de trigo com fermento
- 60 g de cacau em pó
- 1 colher (chá) de bicarbonato de sódio
- 250 g de açúcar demerara
- 250 g de beterraba cozida
- 3 ovos
- 1 colher (chá) de essência de baunilha

PARA O GLACÊ

- 200 g de açúcar de confeiteiro
- corante alimentício cor-de-rosa (opcional)

Preaqueça o forno a 180°C. Unte levemente com óleo uma fôrma redonda de 23 cm de diâmetro e 7,5 cm de profundidade, usando papel-toalha. Forre o fundo com papel-manteiga e unte-o também.

Em uma tigela grande, peneire juntos a farinha, o cacau em pó e o bicarbonato, depois adicione o açúcar. Reserve. No processador, transforme a beterraba em purê, coloque em uma peneira sobre uma tigela e aperte com as costas de uma colher para extrair o suco. Reserve para o glacê. Retorne a polpa de beterraba ao processador e, com o aparelho ligado, adicione os ovos e a baunilha. Em seguida, despeje o óleo em fio. Bata até se agregarem bem.

Faça uma cova no meio dos ingredientes secos, despeje a mistura de beterraba e, usando uma colher grande, incorpore delicadamente. Passe a massa para a fôrma preparada e asse por 45-50 minutos, ou até um palito inserido no centro sair limpo. Se o bolo começar a dourar muito antes de estar totalmente assado, corte um círculo de papel-alumínio com o diâmetro da fôrma. No centro, faça um furo e deixe aberto. Coloque sobre o bolo para proteger a superfície e deixar o vapor sair.

Retire o bolo do forno e mantenha na fôrma por 5-10 minutos. Desenforme sobre uma grade de metal e espere esfriar completamente.

Peneire o açúcar de confeiteiro em uma tigela. Misture algumas gotas do suco de beterraba reservado e, se quiser uma cor mais forte, adicione um pouquinho de corante rosa. O glacê deve ficar suficientemente espesso para recobrir as costas de uma colher. Se necessário, adicione água, gota a gota, até obter a consistência ideal.

O fundo do bolo deve ficar para cima por ser uma superfície lisa. Espalhe o glacê de maneira uniforme, deixando escorrer pelas laterais.

PARA DECORAR veja: Expressionismo abstrato, p. 84

bolo de chocolate e avelãs sem farinha

Esse é o bolo ideal para quem precisa evitar farinha de trigo. Experimente com amêndoas ou nozes-pecãs moídas: o resultado será igualmente ótimo. Se quiser, elimine a ganache e decore somente com framboesas polvilhadas com açúcar de confeiteiro ou, ainda, sirva com uma calda de frutas vermelhas.

8 PORÇÕES

PARA O BOLO
- 90 g de manteiga sem sal cortada em cubos, mais um pouco para untar
- 60 g de avelãs sem pele
- 150 g de chocolate com 70% de cacau em pedaços
- 90 g de açúcar cristal
- 3 ovos, claras e gemas separadas

PARA A GANACHE
- 100 g de chocolate com 70% de cacau em pedaços
- 50 ml de creme de leite fresco
- 25 g de manteiga sem sal
- 400 g de framboesas frescas

Preaqueça o forno a 180°C. Unte bem uma fôrma redonda de 20 cm de diâmetro e forre o fundo com papel-manteiga.

Torre as avelãs no forno por 5-10 minutos, tomando cuidado para não queimarem, depois espere esfriar e moa bem fino no processador. Coloque o chocolate, 70 g do açúcar e a manteiga em banho-maria (não deixe o fundo da tigela tocar a água) e derreta mexendo delicadamente. Retire do fogo e misture as avelãs moídas. Bata as gemas até ficarem esbranquiçadas e adicione ao creme de chocolate já frio.

Em outra tigela muito limpa, bata as claras em neve e acrescente o açúcar restante aos poucos até formar picos macios. Com uma colher grande, incorpore uma parte das claras em neve ao chocolate para ficar um pouco mais claro. Em seguida, com uma espátula, junte todo o suspiro. Transfira a massa para a fôrma e asse por 20 minutos. Esse bolo é frágil, por isso tome cuidado ao manuseá-lo. Deixe esfriar por 10-15 minutos, depois passe uma faca pela borda para soltá-lo da fôrma. Quando o bolo esfriar, desenforme cuidadosamente sobre uma travessa de servir, para que o fundo fique para cima.

Para fazer a ganache, derreta o chocolate, o creme de leite e a manteiga em banho-maria (não deixe o fundo da tigela tocar na água). Misture, espere esfriar um pouco até engrossar, despeje sobre o bolo e espalhe com uma espátula. Cubra a superfície com as framboesas.

bolo vitória

Esse bolo é muito fácil de fazer: coloque todos os ingredientes em uma tigela e bata. Não tem como errar, e o resultado é um bolo fofo, amanteigado e delicioso.

8 PORÇÕES

PARA O BOLO
175 g de manteiga sem sal amolecida, mais um pouco para untar
175 g de farinha de trigo com fermento
1 colher (chá) de fermento em pó
3 ovos ligeiramente batidos
175 g de açúcar demerara
1 colher (chá) de essência de baunilha

PARA O RECHEIO
150 ml de creme de leite fresco
4 colheres (sopa) de geleia de framboesa ou morango
açúcar de confeiteiro, para polvilhar

Preaqueça o forno a 180°C.

Pode-se assar esse bolo em uma fôrma redonda funda com 20 cm de diâmetro ou em duas rasas. Unte a fôrma, ou fôrmas, com manteiga e forre o fundo com papel-manteiga. Se estiver usando somente uma fôrma, forre também as laterais com um colarinho de papel-manteiga de 7 cm de altura, para facilitar o crescimento.

Preparo essa massa na batedeira, mas também pode ser no processador ou em uma tigela com um batedor elétrico manual, como preferir.

Peneire a farinha e o fermento em uma tigela, adicione a manteiga em pedaços, os ovos, o açúcar e a baunilha. Bata até agregar bem todos os ingredientes, mas não bata em excesso para o bolo não endurecer. Despeje a massa na fôrma ou fôrmas e alise a superfície com uma espátula.

Asse por 20-25 minutos, se estiver usando duas fôrmas, ou 30-35 minutos, se estiver usando uma, até o bolo ficar firme ao toque ou até um palito inserido no centro sair limpo.

Retire do forno e deixe esfriar por alguns minutos, depois passe uma faca entre a fôrma e a borda do bolo para soltá-lo e desenforme sobre uma grade de metal. Remova o papel e espere esfriar completamente.

Bata o creme de leite até engrossar ligeiramente, formando picos macios. Se o bolo foi assado em uma única fôrma, divida-o ao meio com uma faca serrilhada. Recheie primeiro com uma camada de geleia e coloque o creme de leite por cima. Se o bolo foi feito em duas fôrmas, o recheio deve ficar entre os dois bolos. Polvilhe a superfície com açúcar de confeiteiro.

PARA DECORAR veja: Bolo de festa, p. 92; Coração cor-de-rosa, p. 117; Bolo com pétalas frescas, p. 122; Bolinhos borboleta, p. 153; Cupcakes luxuosos, p. 154; Botões de rosa, p. 157; Fondant fancies, p. 163; Chapeuzinhos, p. 173

bolo xadrez

Entramos em território absolutamente retrô! Esse bolo faz parte do imaginário dos ingleses. Contam que foi criado para o casamento da neta da rainha Vitória com o príncipe Luís de Battenberg em 1884. Cada quadrado representa um dos quatro príncipes Battenberg: Luís, Alexandre, Henrique e Francisco José. É um bolo excepcionalmente bonito e não há outro que se assemelhe a ele.

8 PORÇÕES

- 175 g de manteiga sem sal amolecida, mais um pouco para untar
- 175 g de farinha de trigo com fermento
- ½ colher (chá) de fermento em pó
- 175 g de açúcar
- 3 ovos ligeiramente batidos
- 1 colher (chá) de essência de baunilha
- 1-2 colheres (sopa) de leite, se necessário
- um pouquinho de corante alimentício rosa ou vermelho
- 4 colheres (sopa) de geleia de damasco
- açúcar de confeiteiro, para polvilhar
- 250 g de marzipã natural (p. 138) ou amarelo, se preferir

Preaqueça o forno a 170°C. Unte ligeiramente com manteiga uma fôrma quadrada de 20 cm de lado e forre o fundo com papel-manteiga. Corte também um retângulo de papel-manteiga, com o mesmo comprimento e profundidade da fôrma, para dividir a massa ao meio e fazer um lado neutro e o outro colorido.

Na tigela da batedeira, ou em uma tigela grande com um fouet, peneire juntos a farinha e o fermento. Adicione a manteiga em pedaços, o açúcar, os ovos e a baunilha. Bata até ficar um creme liso, acrescentando um pouco de leite à massa se estiver firme demais. Pese metade da massa e posicione o papel divisor no centro da fôrma.

Cuidadosamente, coloque metade da massa em um lado da fôrma. A metade restante deve ser tingida com o corante rosa – comece com bem pouco – e misture até uniformizar. Preste atenção ao colocar a massa colorida no outro lado da fôrma para não sujar a primeira.

Asse por 30-35 minutos, ou até um palito inserido no centro sair limpo e o bolo ficar firme ao toque. Retire do forno, deixe esfriar na fôrma por alguns minutos e depois desenforme sobre uma grade de metal. Quando estiver completamente frio, corte cada cor em dois blocos iguais no sentido do comprimento e apare as bordas.

Aqueça a geleia em uma panela pequena, passe por uma peneira e use-a para colar as tiras de bolo no sentido do comprimento, de maneira que o bolo neutro e o cor-de-rosa formem um xadrez.

Em uma superfície de trabalho polvilhada com açúcar de confeiteiro, estenda um retângulo de marzipã com o comprimento do bolo e largura suficiente para cobrir totalmente os lados. Apare para eliminar o excesso. Pincele toda a superfície do bolo com a geleia restante e envolva o marzipã em torno dele. Sele a junta apertando delicadamente as bordas do marzipã e vire o bolo para ocultar a junta. Apare as extremidades e risque a superfície formando um xadrez.

bolo de gengibre

Um bolo maravilhoso que precisa descansar por dois ou três dias antes de ser servido... e essa é a parte mais difícil! Fica ainda mais saboroso com o Creme salgado de caramelo (p. 64, faça metade da receita).

10 PORÇÕES

PARA O BOLO

- 120 g de manteiga sem sal, mais um pouco para untar
- 125 g de melado
- 100 g de glucose de milho
- 150 ml de leite
- 120 g de açúcar mascavo
- 225 g de farinha de trigo
- 1 colher (sopa) de gengibre em pó
- ½ colher (chá) de bicarbonato de sódio
- 2 ovos ligeiramente batidos
- crocante de caramelo quebrado (opcional)

PARA O CREME DE MANTEIGA E LIMÃO

- 150 g de açúcar de confeiteiro peneirado
- 100 g de manteiga sem sal amolecida
- raspas e suco de ½ limão grande

Preaqueça o forno a 180°C. Unte com manteiga uma fôrma quadrada de 20 cm de lado e 7,5 cm de profundidade e forre com papel-manteiga.

Em uma panela, misture o melado, a glucose, o leite, o açúcar e a manteiga e derreta em fogo baixo. Não deixe ferver para não talhar. Retire do fogo e espere esfriar um pouco.

Em uma tigela grande, peneire juntos a farinha, o gengibre e o bicarbonato. Adicione a mistura de melado e mexa com uma colher grande até ficar homogêneo. Junte os ovos, misture bem e despeje a massa na fôrma. Bata a fôrma sobre a bancada para eliminar eventuais bolhas de ar. Asse por 40-50 minutos até ficar firme ao toque e um palito inserido no centro sair limpo.

Deixe esfriar na fôrma por 15 minutos e desenforme sobre uma grade de metal. Quando o bolo estiver completamente frio, embrulhe em papel-manteiga, depois em papel-alumínio e guarde por dois ou três dias. O bolo ficará bem úmido com uma superfície levemente melada.

Pouco antes de servir, faça o creme de manteiga e limão. Coloque o açúcar de confeiteiro e a manteiga na tigela da batedeira (ou use uma tigela e fouet) e bata por 5 minutos. Sempre batendo, adicione as raspas de limão e depois o suco aos poucos. Espalhe o creme sobre o bolo. Decore com os pedaços de caramelo, se for usar.

PARA DECORAR veja: Bolo mosaico, p. 90

bolo com casquinha crocante de limão

Esse bolo macio é embebido com uma calda de limão que forma uma casquinha bem crocante na superfície.

6 PORÇÕES

PARA O BOLO
175 g de manteiga sem sal amolecida, mais um pouco para untar
175 g de farinha de trigo com fermento
uma pitada de sal
2 ovos ligeiramente batidos
175 g de açúcar demerara
raspas finas e suco de 1 limão grande, de preferência orgânico

PARA A CALDA
suco de 1 limão grande
100 g de açúcar refinado

Preaqueça o forno a 180°C.

Unte levemente com manteiga uma fôrma redonda de 18 cm de diâmetro e 7,5 cm de profundidade e forre o fundo e a lateral com papel-manteiga.

Peneire a farinha e o sal em uma tigela e reserve. Derreta a manteiga em uma panelinha e deixe esfriar um pouco. Usando a batedeira ou uma tigela e um mixer, bata os ovos e o açúcar até obter um creme bem claro e leve (isso leva em torno de 5 minutos). Acrescente a manteiga derretida, misture bem e despeje sobre a farinha com as raspas de limão, mexendo delicadamente. Por último, incorpore o suco lentamente.

Despeje a massa na fôrma preparada e asse por 30-35 minutos, ou até o bolo ficar firme ao toque e um palito inserido no centro sair limpo.

Enquanto isso, prepare a calda misturando o suco de limão e o açúcar em uma tigelinha. Assim que tirar o bolo do forno, fure toda a superfície com um garfo ou palito e espalhe a calda uniformemente. Deixe na fôrma até esfriar completamente.

PARA DECORAR veja: Guirlanda de violetas, p. 104; Doce canteiro, p. 178; Bolinhos bebezinho, p. 181

bolo de laranja

Além de deliciosa, essa é uma receita versátil: experimente com suco e raspas de limão. Como é mais firme que o Bolo com casquinha crocante de limão, da página anterior, é uma excelente base para decorar.

8 PORÇÕES

PARA O BOLO
250 g de manteiga sem sal amolecida, mais um pouco para untar
250 g de açúcar cristal
raspas de 2 laranjas grandes, mais 75 ml de suco de laranja
4 ovos ligeiramente batidos
250 g de farinha de trigo com fermento peneirada

PARA O GLACÊ
200 g de açúcar de confeiteiro
algumas gotas de água de flor de laranjeira
suco de ½ laranja

Preaqueça o forno a 170°C.

Unte com manteiga uma fôrma de 20 cm de diâmetro e 7,5 cm de profundidade e forre o fundo com papel-manteiga.

Bata a manteiga, o açúcar e as raspas de laranja até obter um creme claro e leve (na batedeira, leva no mínimo 5 minutos). Adicione os ovos, devagar, batendo bem depois de cada adição, intercalando com 1 colher (sopa) de farinha para impedir que o creme talhe. Incorpore a farinha restante e, por fim, acrescente lentamente o suco de laranja.

Despeje a massa na fôrma preparada e asse por 40-45 minutos até o bolo ficar firme ao toque ou um palito inserido no centro sair limpo. Retire do forno, espere 1 minuto e desenforme sobre uma grade de metal.

Quando o bolo estiver completamente frio, faça o glacê. Peneire o açúcar de confeiteiro em uma tigela, aromatize com algumas gotas de água de flor de laranjeira e, em seguida, adicione o suco de laranja, pouco a pouco, até a mistura recobrir as costas de uma colher. Despeje sobre o bolo, deixando escorrer pelas laterais.

PARA DECORAR veja: Bolo dança das fitas, p. 112; Bolo Maria Antonieta, p. 146; Bolinhos com flores cristalizadas, p. 158; Copinhos de sorvete, p. 160

bolo genovês

Na receita original, esse bolo é uma espécie de pão de ló com a adição de manteiga, só que, nessa receita, somente a usei para untar a fôrma, mas nadinha na massa. Por isso, esse bolo fica muito leve, mas não tem grande durabilidade e é melhor quando consumido no mesmo dia em que é feito. De preparo um pouco mais trabalhoso que a maioria dos outros, siga atentamente as instruções da receita.

8 PORÇÕES

PARA O BOLO
manteiga para untar
125 g de farinha de trigo
uma pitada de sal
4 ovos
125 g de açúcar cristal
1 colher (chá) de essência de baunilha

PARA O RECHEIO
150 ml de creme de leite fresco
1 colher (chá) de essência de baunilha
2 colheres (sopa) de açúcar de confeiteiro ou a gosto, mais para polvilhar
250 g de frutas à sua escolha: pêssego ou nectarina em fatias, morango, mirtilo ou framboesa

Preaqueça o forno a 180°C. Unte uma fôrma de 23 cm de diâmetro e 7,5 cm de profundidade e forre o fundo e as laterais com papel-manteiga.

Em uma tigela, peneire duas vezes a farinha e o sal juntos para obter mais leveza. Aqueça a tigela e os ganchos da batedeira colocando-os em água quente, depois enxugue bem.

Acrescente os ovos na tigela aquecida, mexa um pouco com um garfo e adicione o açúcar. Comece batendo lentamente e depois vá aumentando a velocidade até o ponto máximo. Você verá o creme se avolumar e ficar cada vez mais leve e claro até tomar o aspecto de uma musse. Isso leva cerca de 5-6 minutos em velocidade máxima. É muito importante parar no ponto de fita, que ocorre quando, ao levantar os batedores, a massa cai formando uma "fita" que se mantém em relevo na superfície por alguns segundos.

Divida a farinha em 3 ou 4 porções e incorpore-as ao creme de modo mais leve possível com uma colher de metal, acrescentando ao mesmo tempo a baunilha. A massa deve começar a perder volume, por isso faça essa etapa com cuidado.

Asse por 20-25 minutos, até o bolo ficar firme ao toque ou quando um palito inserido no centro sair limpo. Forre uma grade de metal com papel-manteiga para o bolo não grudar. Desenforme e deixe esfriar completamente.

Para o recheio, bata o creme de leite até formar picos macios, adicionando a baunilha e o açúcar de confeiteiro. Corte o bolo ao meio no sentido do comprimento, espalhe o recheio e distribua as frutas. Cubra com a outra camada do bolo e polvilhe açúcar de confeiteiro.

PARA DECORAR veja: Bolo com amoras e gerânio, p. 87

bolo de café e avelãs

Esse bolo pode ser feito com o café que você tiver à disposição no momento – coado no filtro, expresso ou instantâneo – e com as oleaginosas de sua preferência. Invista na combinação mais clássica de café com nozes ou pecãs, ou experimente amêndoas ou macadâmias.

8 PORÇÕES

PARA O BOLO
- 225 g de manteiga sem sal amolecida, mais um pouco para untar
- 60 g de avelãs sem pele
- 225 g de farinha de trigo com fermento
- 1 colher (chá) de fermento em pó
- 225 g de açúcar mascavo claro
- 4 ovos ligeiramente batidos
- 2 colheres (sopa) de leite
- 25 ml de café bem forte

PARA O CREME DE MANTEIGA
- 60 g de avelãs sem pele
- 100 g de manteiga amolecida
- 200 g de açúcar de confeiteiro
- 25 ml de café bem forte

Preaqueça o forno a 180 C.

Unte ligeiramente duas fôrmas de 20 cm de diâmetro e 4,5 cm de profundidade e forre com papel-manteiga.

Espalhe as avelãs da massa e do creme de manteiga em uma assadeira e toste no forno por cerca de 5 minutos, agitando a assadeira uma vez e cuidando para não queimarem. Retire do forno e pique-as grosseiramente. Separe as avelãs em duas partes iguais e reserve-as.

Peneire a farinha e o fermento em uma tigela e reserve. Na batedeira ou em uma tigela grande com um batedor elétrico, bata a manteiga e o açúcar por 5 minutos até formar um creme claro e leve. Sem parar de bater, adicione os ovos, pouco a pouco, alternando com 1 colher (sopa) de farinha para evitar que a massa talhe. Por último, usando uma colher grande ou espátula, misture a farinha restante, as avelãs, o leite e o café até agregar bem.

Divida a massa entre as duas fôrmas e asse por 25-30 minutos até o bolo ficar firme ao toque ou um palito inserido no centro sair limpo. Retire do forno, espere amornar e desenforme sobre uma grade de metal com o fundo para cima. Deixe esfriar completamente.

Enquanto isso, prepare o recheio. Bata a manteiga com o açúcar de confeiteiro até ficar bem leve e aerado – cerca de 5 minutos. Adicione o café e parte das avelãs, reservando a maioria delas para a decoração, e misture bem. Espalhe metade do recheio sobre um dos bolos, coloque o outro por cima com o fundo virado para baixo e cubra com o recheio restante. Para decorar, espalhe as avelãs reservadas sobre o bolo.

PARA DECORAR veja: Cupcake gigante, p. 101

bolo de pistaches e flor de laranjeira

Adoro a delicada combinação de sabores desse bolo. O mascarpone da cobertura cria um contraste perfeito.

Preaqueça o forno a 180°C. Unte ligeiramente uma fôrma desmontável com 20 cm de diâmetro e 7,5 cm de profundidade e forre com papel-manteiga.

Espalhe os pistaches em uma assadeira e torre no forno por cerca de 5 minutos, agitando a assadeira uma vez e cuidando para eles não queimarem. Deixe esfriar e triture no processador.

Em uma tigela grande, peneire juntos a farinha, o fermento e o sal. Na batedeira, bata a manteiga, o açúcar e as raspas de laranja até obter um creme claro e leve – isso leva cerca de 5 minutos –, depois acrescente os ovos aos poucos, adicionando 1 colher (sopa) de farinha para a massa não talhar. Junte as amêndoas e os pistaches triturados, a farinha restante e, por fim, a água de flor de laranjeira.

Coloque a massa na fôrma, raspando as laterais da tigela com uma espátula. Asse por 40 minutos, ou até um palito inserido no centro sair limpo.

Enquanto isso, prepare a calda: misture em uma panela pequena o suco de laranja, o açúcar e a água de flor de laranjeira e ferva até reduzir a cerca de 60 ml.

No instante em que o bolo sair do forno, fure toda a superfície com um garfo ou palito e regue com a calda. Deixe na fôrma até esfriar completamente.

Desenforme o bolo sobre uma travessa ou prato de servir, de modo que o fundo fique para cima. Bata juntos todos os ingredientes da cobertura e, com uma espátula, espalhe sobre o bolo.

8 PORÇÕES

PARA O BOLO
- 175 g de manteiga sem sal amolecida, mais um pouco para untar
- 100 g de pistaches sem casca e sem sal
- 70 g de farinha de trigo com fermento
- 1 colher (chá) de fermento em pó
- uma pitada de sal
- 200 g de açúcar cristal
- raspas bem finas de 1 laranja
- 4 ovos ligeiramente batidos
- 70 g de amêndoas moídas
- 2 colheres (chá) de água de flor de laranjeira

PARA A CALDA
- suco de 1 laranja
- 45 g de açúcar cristal
- 1 colher (sopa) de água de flor de laranjeira

PARA A COBERTURA
- 250 g de mascarpone
- raspas bem finas de 1 laranja
- ½ colher (chá) de essência de baunilha
- 1 colher (chá) de água de flor de laranjeira
- 30 g de açúcar cristal

PARA DECORAR veja: Jardim de rosas, p. 109

bolo de anis-estrelado, amêndoas e clementina

O sabor exótico do anis-estrelado permeia esse delicioso bolo úmido. Mas, se preferir, pode usar o capim-limão: corte dois talos ao meio e amasse-os levemente para liberar o aroma. Faça a calda com algumas horas de antecedência ou, melhor ainda, um dia antes para os sabores se evidenciarem. A clementina é bastante aromática e não tem sementes. Se não encontrar em sua região, substitua por tangerina.

8 PORÇÕES

PARA A CALDA
80 ml de suco de clementina ou tangerina (cerca de 2 frutas)
50 g de açúcar mascavo claro
5-6 anises-estrelados

PARA O BOLO
250 g de manteiga sem sal amolecida, mais um pouco para untar
225 g de açúcar cristal
raspas bem finas de 4 clementinas ou tangerinas
4 ovos ligeiramente batidos
220 g de amêndoas moídas
80 g de farinha de trigo peneirada
1 colher (chá) de fermento em pó

Algumas horas antes ou na véspera, prepare a calda. Ferva o suco de clementina, o açúcar e os anises-estrelados até reduzir formando uma calda, depois tampe e deixe em infusão em temperatura ambiente para adensar os sabores.

Preaqueça o forno a 180°C.

Unte uma fôrma desmontável com 20 cm de diâmetro e 7,5 cm de profundidade e forre o fundo e as laterais com papel-manteiga.

Bata a manteiga, o açúcar e as raspas de clementina até obter um creme muito claro e leve (leva cerca de 5 minutos). Adicione os ovos devagar e, depois, com uma colher grande de metal, acrescente a amêndoa moída, a farinha e o fermento.

Despeje a massa na fôrma, nivele a superfície e asse por 45-50 minutos, ou até um palito inserido no centro sair limpo.

Assim que retirar o bolo do forno, faça furos em toda a superfície com um garfo ou palito e regue uniformemente com a calda. Os anises-estrelados não devem ser retirados, deixe-os para decoração. Mantenha na fôrma até esfriar completamente.

PARA DECORAR veja: Fantasia oriental, p. 89

bolo de cenoura e pecãs

Esse bolo úmido teve seu auge na década de 1970, mas ainda é muito popular. A cobertura rica em sabores – pecãs, maple syrup e laranja – é um maravilhoso complemento.

10 PORÇÕES

PARA O BOLO
175 ml de óleo de girassol, mais um pouco para untar
60 g de nozes-pecãs picadas
200 g de farinha de trigo com fermento
½ colher (chá) de bicarbonato de sódio
½ colher (chá) de fermento em pó
uma pitada de sal
2 colheres (chá) de canela em pó
1 colher (chá) de noz-moscada ralada na hora
175 g de açúcar mascavo claro
3 ovos ligeiramente batidos
250 g de cenoura finamente ralada
raspas finas de 1 laranja
50 g de coco ralado

PARA A COBERTURA
40 g de nozes-pecãs picadas
80 g de manteiga sem sal
60 g de açúcar de confeiteiro peneirado
2 colheres (sopa) de maple syrup
150 g de cream cheese
suco de 1 laranja

Preaqueça o forno a 160°C.

Unte com óleo uma fôrma com 23 cm de diâmetro e 7,5 cm de profundidade e forre o fundo com papel-manteiga.

Espalhe as pecãs da massa e do recheio em uma assadeira e torre no forno por 5-10 minutos, agitando a assadeira uma vez e cuidando para elas não queimarem, depois separe as quantidades necessárias para as duas etapas.

Peneire em uma tigela grande a farinha, o bicarbonato de sódio, o fermento, o sal, a canela e a noz-moscada. Com a batedeira ou com um mixer, bata o óleo e o açúcar por cerca de 1 minuto, em velocidade baixa, depois acrescente os ovos devagar, batendo bem após cada adição. Com uma colher grande de metal, incorpore delicadamente a cenoura, as raspas de laranja, as pecãs tostadas, o coco ralado e, por último, os ingredientes secos misturados.

Despeje a massa na fôrma e asse por 1 hora, ou até um palito inserido no centro sair limpo. Deixe esfriar na fôrma por alguns minutos, depois desenforme sobre uma grade de metal para terminar de esfriar.

Enquanto isso, prepare a cobertura. Bata a manteiga, o açúcar de confeiteiro e o maple syrup até obter um creme claro e leve (pode levar 5 minutos na batedeira). Em outra tigela, bata bem o cream cheese, depois incorpore ao creme de manteiga. Por fim, adicione o suco de laranja. Espalhe pelo bolo e salpique as nozes-pecãs.

PARA DECORAR veja: Cupcakes margarida e girassol, p. 169; Bolinhos de três andares, p. 175

bolo de frutas secas com rum

Esse bolo levemente picante, aromatizado com rum, é uma variação do clássico bolo inglês de frutas. Coloquei pecãs e outras frutas em lugar das usadas habitualmente. Você precisa começar esse bolo na véspera para que as frutas fiquem um bom tempo de molho no rum.

25 FATIAS

125 g de cerejas glaceadas
150 g de damascos secos picados
150 g de tâmaras picadas
200 g de gengibre cristalizado picado
150 g de uvas-passas claras sem sementes
150 g de uvas-passas escuras sem sementes
120 ml de rum escuro, mais 2 colheres (sopa) para regar o bolo
raspas finas e suco de 2 limões
295 g de manteiga sem sal amolecida, mais um pouco para untar
100 g de pistaches sem casca e sem sal
100 g de nozes-pecãs
150 g de farinha de trigo com fermento
1 colher (chá) de especiarias mistas em pó
1 colher (sopa) de gengibre em pó
1 colher (chá) de sal
150 g de açúcar mascavo escuro
150 g de amêndoas moídas
5 ovos ligeiramente batidos
2 colheres (sopa) de melado

PARA DECORAR

12 cerejas glaceadas, de preferência escuras
18 nozes-pecãs
24 pistaches sem casca e sem sal

No dia anterior, lave as cerejas cristalizadas que serão usadas no bolo, enxugue com papel-toalha e pique. Coloque em uma tigela grande e acrescente os damascos, as tâmaras, o gengibre e as uvas-passas claras e escuras. Despeje o rum, as raspas e o suco de limão. Misture bem, cubra com filme de PVC e deixe de molho de um dia para o outro.

No dia seguinte, preaqueça o forno a 140°C. Unte ligeiramente uma fôrma quadrada com 20 cm de lado e 7,5 cm de profundidade e forre com papel-manteiga. Cubra as laterais externas da fôrma com papel pardo (jornal também funciona) e amarre com um barbante. Use esse truque toda vez que fizer bolos de frutas que precisem de muito tempo de cozimento, para evitar que as laterais do bolo queimem.

Espalhe os pistaches e as pecãs em uma assadeira e torre por 10 minutos. Quando esfriarem, pique e reserve para decorar. Peneire juntos a farinha, as especiarias, o gengibre em pó e o sal. Usando a batedeira, transforme a manteiga e o açúcar em um creme claro e leve (isso leva pelo menos 5 minutos). Adicione as amêndoas moídas e, em seguida, os ovos, aos poucos, batendo bem após cada adição. Acrescente os ingredientes secos peneirados, depois o melado e, por fim, incorpore delicadamente todas as nozes e frutas com a calda.

Despeje a massa na fôrma e alise a superfície. Por cima, arrume as cerejas, os pistaches e as pecãs reservados. Asse na grade mais baixa do forno por 2h30-3 horas, ou até um palito inserido no centro sair limpo. Se escurecer demais antes de estar completamente assado, corte um papel-alumínio um pouco maior do que o bolo, faça uma abertura no centro e use-o para proteger a superfície.

Retire do forno e deixe esfriar na fôrma. Quando estiver frio, perfure com um palito e regue com 2 colheres (sopa) de rum. Embrulhe com papel-manteiga, depois com papel-alumínio e deixe descansar por uma semana – até mesmo um mês – em lugar fresco, embora seja delicioso mesmo se servido imediatamente.

PARA DECORAR veja: Bolo com frutas e nozes glaceadas, p. 133; Delícias de Natal, p. 182

bolo rico de frutas e tamarindo

Comecei meu negócio com essa receita, produzindo centenas de minibolos assados em latas de conserva (veja na p. 182 mais bolos assados em latas) para vender no Natal. A receita foi incrementada com tamarindo, uma ótima ideia do meu marido! Faço esses bolos três meses – ou no mínimo uma semana – antes de vendê-los, para que absorvam o conhaque.

25-30 FATIAS

200 g de cerejas glaceadas
280 g de uvas-passas claras
280 g de uvas-passas em rama (retire-as das ramas)
100 g de uvas-passas escuras
170 g de cascas de cítricos cristalizadas
110 g de gengibre cristalizado picado
1 colher (chá) de pasta de tamarindo
3 colheres (sopa) de melado
40 g de marmelada
raspas bem finas de 1 limão
raspas bem finas de 1 laranja
1 colher (sopa) de especiarias mistas em pó
100 ml de conhaque, mais 3 colheres (sopa) para regar o bolo
180 g de farinha de trigo com fermento
1 colher (chá) de sal
250 g de manteiga sem sal amolecida, mais um pouco para untar
120 g de nozes
40 g de amêndoas sem pele
250 g de açúcar mascavo escuro
160 g de amêndoas moídas
5 ovos ligeiramente batidos

No dia anterior, lave as cerejas, enxugue bem com papel-toalha, corte-as ao meio e coloque em uma tigela grande. Adicione os três tipos de uva-passa, as cascas cristalizadas, o gengibre, a pasta de tamarindo, o melado, a marmelada, as raspas de limão e de laranja e as especiarias mistas. Despeje o conhaque, mexa bem, cubra com filme de PVC e deixe de molho de um dia para o outro.

No dia do preparo, preaqueça o forno a 140°C. Unte uma fôrma com 23 cm de diâmetro e 7,5 cm de profundidade e forre com papel--manteiga. Cubra a parte externa da fôrma com papel pardo ou jornal e amarre com barbante para evitar que as laterais do bolo queimem.

Espalhe as nozes e as amêndoas em uma assadeira e torre por 10 minutos no forno, agitando a assadeira uma vez e cuidando para elas não queimarem. Deixe esfriar um pouco, depois pique e reserve.

Peneire a farinha e o sal em uma tigela e reserve. Bata a manteiga com o açúcar na batedeira por, no mínimo, 5 minutos, até obter um creme claro e leve. Adicione as amêndoas moídas e depois acrescente os ovos devagar, batendo bem depois de cada adição. Com uma colher grande de metal, incorpore a farinha, as frutas com a calda em que ficaram de molho e, por fim, as nozes e amêndoas picadas.

Coloque a massa na fôrma e asse na grade mais baixa do forno por 2h45-3 horas. Comece a ver se o bolo está assado depois de 2h30. Se um palito inserido no centro sair limpo, está pronto. Se estiver dourando rápido demais, corte um círculo de papel-alumínio pouco maior que o bolo, faça uma abertura no meio e cubra a fôrma.

Deixe esfriar na fôrma. Fure toda a superfície do bolo com um palito e regue com 3 colheres (sopa) de conhaque. Embrulhe com papel--manteiga, depois com papel-alumínio e deixe maturar de uma semana até 3 meses em lugar fresco. Se quiser, a cada duas semanas, desembrulhe o bolo e pincele-o com mais 1 colher (sopa) de conhaque.

PARA DECORAR veja: Árvores de Natal, p. 130; Bolo gingerbread, p. 137; Bolo de casamento vintage, p. 140

bolo de uísque, tâmaras e nozes

O uísque e os biscoitos amanteigados talvez sejam a principal exportação gastronômica da Escócia, e, devido às minhas raízes escocesas, os dois ganharam espaço neste livro. Se puder usar uísque de malte, esse bolo ficará ainda mais especial. É preciso começar o preparo um dia antes, para colocar as frutas de molho na bebida.

12 FATIAS

- 100 g de cerejas glaceadas cortadas ao meio
- 140 g de tâmaras sem caroço cortadas ao meio
- 90 ml de uísque, mais 2 colheres (sopa) para regar o bolo
- 150 g de manteiga sem sal amolecida, mais um pouco para untar
- 250 g de nozes, mais 5 metades para decorar
- 150 g de açúcar mascavo escuro
- raspas bem finas de 1 laranja
- raspas bem finas de 1 limão
- 2 colheres (sopa) de amêndoas moídas
- 3 ovos ligeiramente batidos
- 1 colher (sopa) de melado
- 225 g de farinha de trigo com fermento peneirada
- 40 ml de leite

No dia anterior, coloque as cerejas e as tâmaras em uma tigela e despeje o uísque. Mexa bem, cubra com filme de PVC e deixe de molho de um dia para o outro.

No dia do preparo, preaqueça o forno a 140°C. Unte uma fôrma grande para pão (30 cm x 11 cm x 6,5 cm) ou uma fôrma redonda com 20 cm de diâmetro e 7,5 cm de profundidade, ou uma fôrma quadrada de 20 cm de lado, e forre com papel-manteiga. Faça um colarinho em torno da fôrma com papel pardo ou jornal (p. 44) e amarre com um barbante para proteger as laterais do bolo e evitar que queimem.

Coloque as nozes em uma assadeira, leve ao forno por 10 minutos para tostar, cuidando para não queimarem, pique e reserve. Com a batedeira, ou em uma tigela grande com uma colher de pau, bata a manteiga com o açúcar e as raspas de laranja e de limão por 5 minutos, até obter um creme claro e leve. Adicione as amêndoas moídas e em seguida os ovos, devagar, mexendo bem depois de cada adição. Incorpore o melado e depois a farinha. Com muita delicadeza, acrescente as nozes picadas, as cerejas e as tâmaras com a calda em que ficaram de molho. Finalmente, adicione leite suficiente para dar à massa a consistência que permita ser colocada na fôrma às colheradas.

Quando terminar de passar a massa para a fôrma, nivele a superfície com uma espátula, decore com as 5 metades de nozes e leve ao forno. Asse por cerca de 1h30, ou até um palito inserido no centro sair limpo.

Deixe o bolo esfriar na fôrma. Quando estiver completamente frio, fure a superfície com um garfo ou um palito e regue com 2 colheres (sopa) de uísque. Embrulhe com papel-manteiga, depois com papel-alumínio e guarde por até um mês em local fresco.

PARA DECORAR veja: Matelassê de marzipã, p. 138

bolo de cereja e marzipã

Use as melhores cerejas que encontrar. Se possível, tente conseguir cerejas azedas glaceadas (usei algumas vindas da Polônia) porque incrementam essa receita, embora ela seja deliciosa mesmo com cerejas glaceadas comuns. A camada de marzipã derrete dentro da massa.

8 PORÇÕES

- 225 g de manteiga sem sal amolecida, mais um pouco para untar
- 200 g de cerejas glaceadas
- 225 g de farinha de trigo com fermento
- ½ colher (chá) de fermento em pó
- 120 g de marzipã (p. 138)
- 225 g de açúcar cristal
- raspas finas de 1 limão
- 4 ovos ligeiramente batidos
- 115 g de amêndoas moídas
- 2 colheres (sopa) de suco de limão
- 2 colheres (sopa) de açúcar demerara

Preaqueça o forno a 170°C. Unte uma fôrma de pão com 30 cm x 11 cm x 6,5 cm, ou uma fôrma de bolo com 23 cm de diâmetro, e forre o fundo com papel-manteiga.

Lave e enxugue bem as cerejas com papel-toalha. Peneire a farinha e o fermento em uma tigela e reserve. Estenda o marzipã entre duas folhas de filme de PVC para formar um círculo ou retângulo muito fino, um pouco menor do que a fôrma que escolher, e reserve.

Bata a manteiga, o açúcar e as raspas de limão com uma batedeira até obter um creme bem claro, leve e fofo (isso leva 5 minutos).

Acrescente os ovos, um pouco por vez, adicionando também 1 colher (sopa) de farinha durante o processo, para evitar que a mistura talhe. Junte as amêndoas moídas, a farinha peneirada e o suco de limão e mexa até agregar bem. Com uma colher, transfira metade da massa para a fôrma. Distribua metade das cerejas sobre a massa, concentrando-as na parte central para dar apoio à camada de marzipã. Acomode o marzipã e depois espalhe as cerejas restantes, agora distribuindo-as mais perto da borda do que no centro. Cubra com o restante da massa e polvilhe o açúcar demerara. Asse por 50-60 minutos. Quando um palito inserido no centro sair limpo e o bolo estiver firme ao toque, está pronto.

Deixe o bolo na fôrma por 15-20 minutos, desenforme e remova o papel-manteiga. Espere esfriar completamente. Não se preocupe se afundar um pouco no meio, isso ocorre por conta do peso do marzipã e das cerejas. Se for decorar, vire o bolo, para ter uma superfície plana.

PARA DECORAR veja: Cerejas de verão, p. 95; Rosas de fita, p. 120; Borboletas graciosas, p. 125

bolo de frutas vegano

Para os veganos, os alérgicos a lactose ou qualquer um que esteja querendo comer um bolo de frutas rápido e delicioso, esse é para vocês. Não contém ovos nem manteiga, tem pouco açúcar e está repleto de frutas úmidas e nozes torradas. Essa receita foi originalmente criada para uma ceia de Natal de sir Paul McCartney.

15 FATIAS

- 150 ml de óleo de girassol, mais um pouco para untar
- 50 g de amêndoas sem pele
- 50 g de nozes
- 300 g de uvas-passas em rama (retire-as das ramas)
- 250 g de uvas-passas claras
- 125 g de uvas-passas escuras
- 150 ml de suco de laranja
- 75 g de açúcar mascavo claro
- 350 g de farinha de trigo com fermento peneirada
- 1 colher (sopa) de melado
- raspas finas de 1 limão
- raspas finas de 1 laranja
- ¼ colher (chá) de sal
- 1 colher (chá) de especiarias mistas em pó
- 3 colheres (sopa) de rum ou conhaque, mais 3 colheres (sopa) para regar o bolo

Preaqueça o forno a 140°C.

Unte com óleo uma fôrma com 23 cm de diâmetro e 7,5 cm de profundidade e forre com papel-manteiga. Faça um colarinho em torno da fôrma com papel pardo ou jornal (pág. 44) e amarre com um barbante para proteger as laterais do bolo e evitar que queimem.

Pique as amêndoas e as nozes e toste no forno por 10-15 minutos, cuidando para não queimarem. Coloque as uvas-passas, o óleo, o suco de laranja e o açúcar em uma panela de fundo grosso, adicione 300 ml de água e leve ao fogo. Espere ferver, reduza a temperatura e cozinhe por 5 minutos. Deixe esfriar e depois incorpore os demais ingredientes.

Transfira a massa para a fôrma preparada e asse por 2h30, ou até um palito inserido no centro do bolo sair limpo. Se dourar demais antes de estar totalmente assado, corte um círculo de papel-alumínio um pouco maior que o bolo, faça uma abertura no meio e coloque sobre a fôrma.

Deixe esfriar na fôrma, desenforme em uma grade de metal, fure toda a superfície do bolo com um garfo ou palito e regue com 3 colheres (sopa) de rum.

Embrulhe com papel-manteiga, depois com papel-alumínio e guarde por até seis semanas em lugar fresco.

PARA DECORAR veja: Veganinhos, p. 186

merengue com frutas tropicais

Merengue crocante ricamente coberto com frutas e um delicioso creme de limão e maracujá. Aqui fotografamos apenas um dos discos, o de 25 cm, que necessita da metade dos ingredientes da receita e é suficiente para seis pessoas. Se quiser fazer o merengue nesse tamanho, seja generosa com as frutas e use cerca de 600 g. Antes de começar, leia minhas dicas para suspiros perfeitos (p. 71).

12 PORÇÕES

PARA O MERENGUE
- 4 colheres (chá) de maisena
- 4 colheres (chá) de vinagre de vinho branco
- 8 claras
- uma pitada de sal
- 400 g de açúcar

PARA O RECHEIO
- 600 ml de creme de leite fresco
- 2 colheres (chá) de essência de baunilha ou sementes de 1 fava de baunilha
- 4 colheres (sopa) de açúcar de confeiteiro, mais um pouco para polvilhar
- 6 colheres (sopa) de leite condensado
- 1 colher (sopa) de suco de limão
- 3 maracujás maduros
- 800 g de frutas tropicais à sua escolha (usei manga, abacaxi e romã)
- 1 pote de glitter comestível (opcional)

Forre duas assadeiras com papel-manteiga. Desenhe no papel-manteiga três círculos: o primeiro com 10 cm de diâmetro, outro com 18 cm e o terceiro com 25 cm de diâmetro (use pratos, pires ou latas como molde). Preaqueça o forno a 210°C.

Misture bem em uma tigelinha a maisena e o vinagre. Na batedeira, usando uma tigela grande e limpa, bata as claras com o sal até formar picos macios. Adicione o açúcar, uma colher de cada vez, alternando com um pouco da mistura de maisena. O suspiro deve ficar espesso, firme e brilhante.

Com uma espátula, espalhe o suspiro recobrindo os três círculos desenhados, deixando-os com a mesma espessura. Leve ao forno e imediatamente diminua a temperatura para o mínimo (80°C no meu). Asse por 1h45-2 horas. Eles devem ficar secos e crocantes por fora e talvez um pouco rachados, o que é ótimo. Deixe um pouco mais no forno, se achar necessário, mas eles não devem dourar, devem ficar bem brancos. Desligue o forno, mantenha a porta meio aberta e conserve os merengues no forno até esfriarem completamente.

Bata o creme de leite até formar picos macios, em seguida incorpore a baunilha e o açúcar. Sem misturar muito, adicione o leite condensado e o suco de limão. Corte os maracujás ao meio e retire as sementes. Descasque a manga e corte a polpa em pedaços pequenos. Descasque o abacaxi e pique em pedaços médios. Retire as sementes da romã. Coloque o merengue de 25 cm em uma travessa. Espalhe um pouco do creme e faça uma camada de frutas, reservando algumas sementes de romã. Adicione mais creme e coloque o merengue de 18 cm. Repita com o creme e as frutas restantes e cubra com o merengue menor, de 10 cm. Distribua as sementes de romã reservadas, polvilhe açúcar de confeiteiro e, se quiser, um pouco de glitter comestível.

PARA DECORAR veja: Merengue com frutas vermelhas e rosas, p. 114

bolo gelado surpresa

Essa receita é incrivelmente popular entre as crianças (o bolo desaparece de nossa casa rápida e misteriosamente), por conta da diversão que proporciona durante o preparo e na hora de saborear. A surpresa é que, escondidos no bolo, estão seus doces preferidos. Torne-o mais saudável usando frutas secas e nozes picadas, mas talvez o sucesso não seja tão grande!

12 PORÇÕES

PARA O BOLO
- 110 g de manteiga sem sal cortada em cubos, mais um pouco para untar
- 150 g de biscoitos de maisena
- 90 g de açúcar cristal
- 2 colheres (sopa) de glucose de milho
- 1 colher (sopa) de cacau em pó
- 50 g de chocolate com 50% de cacau em pedaços
- 150 g de docinhos (usei minimarshmallows, barras de chocolate com crocante de mel em pedaços, confeitos de chocolate colorido, caramelos e bolinhas de chocolate maltado)

PARA A COBERTURA
- 75-100 g de chocolate com 50% de cacau em pedaços

Você precisa de uma fôrma para bolo inglês de 24 cm x 11 cm. Unte-a com manteiga e forre com filme de PVC, deixando um generoso excesso nas bordas. Quebre os biscoitos em pedaços pequenos, colocando-os em um saco plástico e batendo com o rolo de massa. Em uma panelinha, derreta em fogo baixo a manteiga, o açúcar, a glucose, o cacau em pó e o chocolate em pedaços. Retire do fogo e deixe amornar. Adicione o biscoito triturado e depois misture bem os docinhos. Coloque na fôrma às colheradas. Cubra a superfície com as sobras laterais do filme de PVC e deixe firmar na geladeira por algumas horas. Quando estiver pronto, retire da fôrma puxando o filme de PVC e soltando com uma faca. Passe para uma travessa.

Para a cobertura, derreta o chocolate em banho-maria, mexendo algumas vezes. Quando estiver pronto, despeje sobre o bolo. Conserve na geladeira – de preferência, bem escondido! – até a hora de servir. É mais fácil cortar o bolo se não for deixado à temperatura ambiente.

PARA DECORAR veja: Bolo dos pinguins, p. 134; Bonecos de neve, p. 185

bolo musse de chocolate

Uma musse de chocolate surpreendentemente leve baseada nas Barrinhas douradas de chocolate (p. 68). É muito simples de fazer, mas o truque é que tanto o creme de leite quanto o chocolate precisam estar à temperatura ambiente. Retire da geladeira pouco antes de servir.

12 PORÇÕES

- manteiga para untar
- 1 receita de Barrinhas douradas de chocolate (p. 68)
- 300 g de chocolate com 50-70% de cacau em pedaços
- 1 colher (sopa) de kirsch ou cointreau
- 500 ml de creme de leite fresco
- 1 colher (sopa) de chocolate em pó, para polvilhar (opcional)

Unte uma fôrma desmontável com 23 cm de diâmetro. Molde a base do bolo dentro da própria fôrma, com a massa das Barrinhas douradas de chocolate (p. 68). Nivele com as costas de uma colher e leve à geladeira por algumas horas para firmar.

Derreta o chocolate em banho-maria e acrescente o licor escolhido. Retire do fogo e deixe esfriar até atingir 35ºC -36ºC. Em uma tigela grande, bata o creme de leite com o fouet até encorpar (o fouet deve deixar uma trilha quando levantado).

Com bastante cuidado, misture metade do creme de leite com o chocolate derretido, depois incorpore o creme de leite restante até formar um creme liso, com ingredientes bem agregados. Despeje na fôrma e deixe na geladeira de um dia para o outro.

Na hora de servir, retire da geladeira, mergulhe uma faca em água quente e passe-a pela borda, entre o bolo e a fôrma. Desmonte a fôrma. Passe uma espátula comprida de metal entre a base do bolo e o fundo da fôrma. Transfira-o para uma travessa ou prato de servir e polvilhe o chocolate em pó, se quiser. Esse bolo não pode ficar à temperatura ambiente, por isso sirva assim que tirar da geladeira.

PARA DECORAR veja: Bolo pascal de chocolate, p. 111

mil-folhas de pistaches com doce de leite

Essa sobremesa é muito simples e rápida – necessita de poucos ingredientes – e resulta em camadas de massa folhada recheadas com pistaches e um delicioso creme feito com doce de leite.

8 PORÇÕES

- 100 g de pistaches (ou avelãs ou nozes-pecãs) sem pele
- 375 g de massa folhada
- 2 colheres (sopa) de açúcar de confeiteiro, mais um pouco para polvilhar
- 300 ml de creme de leite fresco
- 300 g de doce de leite pastoso
- sementes de 1 fava de baunilha ou 1 colher (chá) de essência de baunilha
- 1 bico de confeitar estrela grande (opcional)
- 1 saco de confeitar de náilon (opcional)

Preaqueça o forno a 200°C.

Espalhe a oleaginosa escolhida em uma assadeira e torre por 4-5 minutos (não demora se o forno estiver quente), cuidando para não queimar. Espere esfriar, pique e reserve. Forre duas ou três assadeiras com papel-manteiga.

Estenda a massa sobre uma superfície polvilhada com açúcar de confeiteiro até chegar a 4 mm de espessura. É preciso obter um retângulo bem grande para poder cortar em 3 retângulos menores de tamanho igual. Fure os pedaços de massa com um garfo 6-7 vezes e leve à geladeira por cerca de 30 minutos.

Se quiser um mil-folhas redondo, corte dois círculos de massa com 20 cm de diâmetro usando um prato ou uma fôrma como molde. Junte os pedaços de massa restantes, volte a estender e faça outro círculo menor. Coloque os três nas assadeiras, fure com um garfo e leve à geladeira por cerca de 30 minutos.

Retire a massa da geladeira, polvilhe açúcar de confeiteiro e asse até o açúcar derreter e borbulhar, e a massa ficar bem dourada, o que pode levar 12-20 minutos. Observe atentamente o cozimento: bastam alguns minutos a mais para a massa queimar. Retire do forno, espere os retângulos esfriarem nas fôrmas por 1-2 minutos, depois retire o papel-manteiga e deixe esfriar sobre grades de metal. A massa pode ser assada com antecedência, mas o recheio só deve ser colocado 1-2 horas antes de servir.

Com o fouet, bata o creme de leite até obter picos macios e misture 2 colheres (sopa) de doce de leite e a baunilha. Apoie um pedaço de massa folhada em uma travessa, espalhe metade do doce de leite puro, cubra-o com metade do creme batido e salpique um terço dos pistaches torrados. Repita mais uma camada conforme a mesma sequência (massa folhada, doce de leite, creme batido e pistaches). Finalize com o último retângulo de massa, salpique açúcar de confeiteiro e o restante dos pistaches. Para servir, corte com uma faca bem afiada em um delicado movimento de serrar.

cheesecake de morango, hortelã e vinagre balsâmico

Muitos cheesecakes são densos demais, o que não acontece com essa versão leve, ideal para o verão. O vinagre balsâmico acentua o sabor dos morangos.

10-12 PORÇÕES

PARA A BASE
50 g de manteiga sem sal derretida, mais um pouco para untar a fôrma
300 g de biscoitos maisena de chocolate
10 folhas grandes de hortelã muito bem picadas

PARA O RECHEIO DE MORANGO
300 g de morangos cortados em fatias muito finas
1 colher (chá) de vinagre balsâmico
10 folhas grandes de hortelã muito bem picadas
1 colher (sopa) de açúcar de confeiteiro

PARA O CHEESECAKE
3 colheres (chá) de gelatina em pó sem sabor
250 g de cream cheese à temperatura ambiente
300 ml de creme de leite fresco
1 colher (chá) de essência de baunilha
3 gemas grandes
45 g de açúcar cristal

PARA DECORAR
150-200 g de morangos fatiados
ramos de hortelã

Preaqueça o forno a 170°C. Unte bem o fundo e as laterais de uma fôrma desmontável com 23 cm de diâmetro e 7,5 cm de profundidade, certificando-se de que o fundo esteja bem encaixado no aro, com o lado plano virado para cima, para não ter dificuldade ao desenformar.

Coloque os biscoitos em um saco plástico e quebre-os com o rolo de massa, deixando-os bem triturados. Passe para uma tigela, junte a manteiga e a hortelã e misture bem. Ajeite a massa na fôrma e pressione com uma colher. Asse por 15 minutos e deixe esfriar.

Para o recheio de morango, coloque tudo em uma tigela, misture bem e deixe descansar por 1-2 horas, para as frutas absorverem os sabores. Escorra, reservando o líquido.

Para o cheesecake, coloque 3 colheres (sopa) de água fria em uma tigela refratária pequena e polvilhe a gelatina. Coloque em banho-maria (não deixe ferver), até a gelatina dissolver por completo. Não aqueça demais.

Em uma tigela pequena, bata o cream cheese até ficar liso. Em outra tigela, bata delicadamente, com o fouet, o creme de leite e a baunilha. Com a batedeira (ou o mixer), misture as gemas e o açúcar até obter um creme claro e com o dobro do volume. Com todo o cuidado, incorpore ao creme de gemas primeiro o cream cheese e depois o creme de leite batido. Junte o líquido dos morangos com a gelatina, coe e acrescente uma colherada da mistura de creme e mexa. Quando agregar bem, incorpore o creme restante.

Espalhe os morangos marinados no centro da base assada, tomando cuidado para não chegar muito perto da borda. Coloque a mistura de cream cheese sobre os morangos, nivele a superfície e leve à geladeira para firmar até o dia seguinte.

Logo antes de servir o cheesecake, solte a mola da fôrma, mergulhe uma espátula de metal, longa e flexível, em água quente, e passe-a primeiro em torno da beirada e, em seguida, entre a base da fôrma e a do cheesecake para desenformar. Apoie-o em uma travessa de servir e decore com os morangos fatiados e raminhos de hortelã.

cupcakes de tâmara com creme salgado de caramelo

Esses cupcakes são inspirados em um clássico inglês. Aqui são duas as opções de cobertura: a primeira leva caramelo e explora a combinação de sabores, o doce e o salgado; a segunda exige apenas abrir uma lata de doce de leite.

RENDE 12

PARA A MASSA
- 12 forminhas de papel para cupcake
- 180 g de tâmaras picadas
- 1 colher (chá) de essência de baunilha
- 180 g de farinha de trigo com fermento
- 1 colher (chá) de bicarbonato de sódio
- 80 g de manteiga amolecida
- 150 g de açúcar mascavo claro
- 2 ovos ligeiramente batidos

PARA A COBERTURA

1) CREME SALGADO DE CARAMELO
- 125 g de açúcar
- 80 ml de creme de leite fresco
- ½ colher (chá) de sal (ou a gosto)
- 1 colher (chá) de essência de baunilha

2) CREME DE DOCE DE LEITE
- 3-4 colheres (sopa) de doce de leite pastoso
- 1/2 colher (chá) de sal
- 1 colher (chá) de essência de baunilha

- 160 g de manteiga amolecida
- 200 g de açúcar de confeiteiro peneirado

Preaqueça o forno a 180°C. Coloque as forminhas de papel em uma assadeira com doze cavidades. Coloque as tâmaras em uma tigela refratária e cubra com 180 ml de água fervente. Deixe de molho por 20 minutos. Em seguida, abra as tâmaras com um garfo e misture a baunilha.

Peneire a farinha e o bicarbonato de sódio em uma tigela e reserve. Na batedeira, bata a manteiga com o açúcar por 5 minutos até obter um creme claro e fofo. Adicione os ovos, pouco a pouco, batendo bem depois de cada adição e colocando 1 colher (sopa) de farinha para impedir que a massa talhe. Acrescente a farinha restante e as tâmaras. Com uma colher, transfira a massa para as forminhas de papel e asse por 15-20 minutos (a superfície deve ficar firme ao toque). Retire do forno e deixe esfriar.

Enquanto isso, faça a cobertura. Para preparar o caramelo, dissolva o açúcar em 60 ml de água em uma panela pequena, de fundo grosso, e leve ao fogo baixo. Depois, aumente o fogo para ferver. Espere alguns minutos, sem movimentar a panela, apenas vigiando: assim que a calda ficar com uma linda cor de caramelo (como chá preto forte) e engrossar um pouco, retire do fogo imediatamente. Pegue a panela pela ponta do cabo, afaste-se bem e adicione o creme de leite aos poucos. É preciso tomar muito cuidado porque a calda é muito quente e pode espirrar. No início, vai empelotar, dando a impressão de que algo deu errado, mas não deu. Comece a bater, adicionando o sal e a baunilha. Deixe esfriar por completo e reserve.

Se preferir a de doce de leite, misture-o com o sal e a baunilha.

Com a batedeira (ou mixer), bata a manteiga com o açúcar de confeiteiro por no mínimo 5 minutos e adicione o creme de caramelo ou o doce de leite. Coloque a cobertura escolhida no saco de confeitar com o bico estrela e decore os cupcakes.

PARA DECORAR veja: Festinha no jardim, p. 176

macarons florais

Essa criação glamourosa está na moda e é muito fácil de entender a razão. Escolhi quatro cores e sabores – rosa, lavanda, laranja e pistache –, mas, à medida que for se aprimorando, explore outras cores e sabores. Macarons não são simples de fazer, mas, se seguir as instruções abaixo e ler minhas dicas para um suspiro perfeito (p. 71), tudo dará certo. Os macarons podem ser assados com antecedência e, sem o recheio, congelam muito bem.

Forre duas assadeiras com papel-manteiga.

Peneire o açúcar de confeiteiro em uma tigela e acrescente as amêndoas. Na batedeira, coloque as claras e algumas gotas do corante escolhido. Comece devagar e aumente a velocidade até obter picos macios. Acrescente lentamente o açúcar e a baunilha e bata por mais um minuto até firmar. Com todo o cuidado, incorpore metade das amêndoas moídas, depois coloque a outra metade e agregue até ficar liso.

Preaqueça o forno a 160°C. Com uma colher, coloque a massa no saco de confeitar com bico liso de 1 cm e faça círculos de 2 cm nas assadeiras, deixando 3 cm de espaço entre eles. Não deixe formar picos, mas, se acontecer, umedeça a ponta do dedo com água e achate delicadamente. Reserve por 30 minutos; deve se formar uma película sobre cada um. Asse por 10-15 minutos com a porta do forno semiaberta (uso uma colher de pau para segurar). Quando soltarem do papel-manteiga, os macarons estão prontos. Retire do forno e deixe esfriar sobre uma grade de metal. (Se alguns continuarem grudados no papel, passe um pano úmido no papel para soltá-los.)

Para fazer os recheios de rosa, flor de laranjeira e pistache, coloque o chocolate em uma tigela. Ferva o creme de leite e retire do fogo, espere 5 minutos e despeje sobre o chocolate. Deixe por 1-2 minutos, mexa cuidadosamente até alisar e acrescente os aromatizantes.

Para o recheio de lavanda, coloque as flores e o creme de leite em uma panela e leve ao fogo. Quando começar a ferver, retire e deixe em infusão por 30 minutos. Coe as flores de lavanda, deixe o creme de leite ferver, espere 5 minutos e despeje sobre o chocolate.

Esfrie os recheios por alguns minutos, depois bata com o fouet até engrossar e recheie os macarons. Eles podem ser conservados na geladeira por alguns dias.

RENDE 80 MACARONS, 40 DEPOIS DE RECHEADOS

200 g de açúcar de confeiteiro
120 g de amêndoas moídas
3 claras à temperatura ambiente
gotas de corante alimentício: rosa, roxo, laranja e verde
20 g de açúcar
½ colher (chá) de essência de baunilha

PARA O RECHEIO
100 g de chocolate branco, suíço ou fracionado, picado
100 ml de creme de leite fresco

ROSA
1 colher (chá) de água de rosas

FLOR DE LARANJEIRA
raspas finas de 1 laranja
1 colher (chá) de água de flor de laranjeira

PISTACHE
1 colher (sopa) de pistaches sem sal moídos

LAVANDA
6 raminhos de lavanda

barrinhas douradas de chocolate

Barras de chocolate com frutas e nozes nunca mais terão o mesmo sabor depois que você experimentar essas, cruzamento perfeito entre um chocolate delicioso e um biscoito de qualidade, servidas para coroar um jantar. A folha de ouro é um detalhe luxuoso. Costumo fazê-las para o Natal: em uma caixa bonita, são um presente muito especial. Se quiser menores, use moldes de silicone para biscoitinhos ou madeleines.

RENDE 36 QUADRADOS OU 27 MENORES

PARA A MASSA

- 100 g de manteiga sem sal cortada em cubos, mais um pouco para untar
- 80 g de pistaches sem casca e sem sal (também pode ser com avelãs ou pinholes)
- 1 colher (sopa) de glucose de milho
- 100 g de chocolate com 70% de cacau em pedaços
- 100 g de biscoitos maisena (ou flocos de milho sem açúcar)
- 80 g de cerejas azedas secas (ou cranberries, damascos ou figos) finamente picadas

PARA DOURAR

- 4-20 folhas de ouro comestíveis, conforme o gosto ou o orçamento!
- 2 pincéis pequenos

Unte levemente uma fôrma quadrada de 20 cm de lado ou uma fôrma de bolo inglês e forre com filme de PVC. Assim, ficará mais fácil desenformar.

Preaqueça o forno a 170°C. Espalhe os pistaches em uma assadeira e toste no forno por 5 minutos, agitando a assadeira uma vez e cuidando para eles não queimarem. Retire do forno, pique e reserve.

Coloque a manteiga, a glucose de milho e o chocolate para derreter em banho-maria. Triture os biscoitos em um saco plástico com um rolo de massa até obter migalhas. Adicione ao chocolate derretido os pistaches, as cerejas secas e o biscoito triturado e misture bem.

Com a ajuda de uma colher, coloque a massa na fôrma preparada (ou em um molde de silicone, se quiser fazer menores) e deixe na geladeira por no mínimo 4 horas. Se usar uma fôrma, espere até firmar, depois deixe à temperatura ambiente para facilitar o corte (se estiver gelado demais, poderá quebrar). Corte em quadrados de 3 cm, limpando a faca com um pano de prato entre um corte e outro.

A folha de ouro precisa ser aplicada com muito cuidado em um lugar sem correntes de ar. Coloque uma barrinha de cada vez na superfície de trabalho. Coloque as folhas de ouro bem perto do doce e puxe delicadamente uma folha segurando os dois cantos superiores com os pincéis: a estática fará com que as cerdas segurem a folha de ouro. Não respire sobre o ouro nem toque nele antes que esteja perfeitamente acoplado às barrinhas.

Envolva as barrinhas com a folha de ouro sem apertar ou enrole em torno dos docinhos menores, alisando-a com o pincel. Se ela rasgar, não faz mal. Você pode remendar ou deixar o chocolate aparente. É possível aplicar o ouro sobre as barrinhas ao acaso, deixando muitas delas ao natural, ou envolver os docinhos menores completamente com ouro. Guarde na geladeira... ou talvez no cofre!

suspirinhos

Esses graciosos suspirinhos me trazem à lembrança os que minha mãe fazia. Nas festas de família, eles eram servidos em pilhas, branquinhos como nuvens, o recheio escorrendo, polvilhados de chocolate e decorados com violetas cristalizadas. Para mim, era a sobremesa mais sublime do mundo.

RENDE 50 SUSPIRINHOS
OU 25 MERENGUES RECHEADOS

Manteiga e farinha de trigo para as assadeiras
3 claras à temperatura ambiente
uma pitada de sal
85 g de açúcar
85 g de açúcar de confeiteiro
saco de confeitar de náilon (opcional)
bico de confeitar estrela médio (opcional)
150 ml de creme de leite fresco
1 colher (chá) de essência de baunilha
chocolate em pó, para polvilhar
25-30 violetas cristalizadas

Preaqueça o forno a 140°C e forre duas assadeiras com papel-manteiga, unte e polvilhe o papel com farinha.

Coloque as claras e o sal na batedeira, ou use um fouet e uma tigela grande. Comece batendo em velocidade baixa e aumente até as claras formarem picos firmes. Adicione o açúcar, 1 colher (sopa) de cada vez, batendo entre cada adição. O suspiro deve ficar firme e brilhante depois de 4-5 minutos. Não bata demais. Polvilhe metade do açúcar de confeiteiro e incorpore delicadamente com uma colher grande de metal. Em seguida, incorpore o açúcar restante, batendo o mínimo possível.

Então, use o saco de confeitar para formar suspiros de 4 cm de diâmetro nas assadeiras ou molde pequenas quenelles usando 2 colheres (chá). Asse por 25-35 minutos. Eles estarão prontos quando fizerem um som oco quando tocados por baixo. Retire cuidadosamente do papel e deixe esfriarem em uma grade de metal.

Com um fouet, bata ligeiramente o creme de leite com a baunilha. Recheie os merengues, juntando-os dois a dois. Arranje em uma travessa, polvilhe chocolate em pó e coloque uma violeta cristalizada sobre cada suspiro.

merengues perfeitos

Claras odeiam gordura, por isso seja minucioso ao limpar a tigela. Use tigela de metal, vidro ou cerâmica, porque as de plástico são difíceis de desengordurar. Limpe a tigela com um limão cortado, depois enxugue perfeitamente com um pano de prato limpo e seco. Claras também não gostam de água, nem mesmo uma gotinha.

Use ovos de boa qualidade à temperatura ambiente; ovos não muito frescos produzem um volume maior. Trabalhe com a batedeira, que é o modo mais prático e menos cansativo. Forre as assadeiras com papel-manteiga sem esquecer de untar e polvilhar com farinha de trigo para evitar que os suspiros grudem. Passe um pouco das claras batidas na parte de baixo do papel para grudá-lo na assadeira.

biscoitos de gengibre

Depois de embrulhar a massa em filme de PVC, você pode guardá-la na geladeira por alguns dias ou congelá-la por até um mês. Assim, poderá assar biscoitos fresquinhos a qualquer hora.

RENDE CERCA DE 40

- 350 g de farinha de trigo, mais um pouco para polvilhar
- 4 colheres (chá) de gengibre em pó
- 1 colher (chá) de canela em pó
- ½ colher (chá) de bicarbonato de sódio
- 130 g de manteiga com sal ligeiramente amolecida
- 1 gema
- 150 g de açúcar mascavo claro
- 3 colheres (sopa) de glucose de milho
- 2 colheres (sopa) de melado
- raspas finas de 1 laranja

Peneire a farinha, as especiarias e o bicarbonato de sódio em uma tigela grande e adicione a manteiga em pedacinhos. Amasse a mistura com os dedos – ou pulse em um processador – até obter uma farofa fina.

Adicione a gema, o açúcar, a glucose de milho, o melado e as raspas de laranja e misture até obter uma massa firme. Se estiver muito pegajosa, acrescente mais um pouco de farinha. Embrulhe em filme de PVC e gele por no mínimo 1 hora. Preaqueça o forno a 180°C. Forre duas assadeiras com papel-manteiga. Estenda a massa sobre uma superfície levemente enfarinhada e molde biscoitos de 6,5 cm de diâmetro e 4 mm de espessura com o cortador. Asse por 10-15 minutos. Eles tendem a escurecer um pouco.

Retire do forno e deixe firmar por alguns minutos, depois transfira delicadamente para uma grade de metal para esfriar por completo. Eles ficam crocantes.

PARA DECORAR veja: Folhas de outono, p. 196; Vitrais natalinos, p. 199; Móbile de pássaros, p. 201

biscoitos amanteigados

Minha avó escocesa sempre fazia amanteigados com farinha de arroz, mas você pode usar maisena, se preferir. A farinha de arroz dá um resultado granulado, crocante, enquanto a maisena produz biscoitos que derretem na boca. Sempre tenho a massa no freezer e rapidamente perfumo a casa com o maravilhoso aroma dos amanteigados no forno.

RENDE CERCA DE 60

500 g de manteiga com sal amolecida
200 g de açúcar cristal, mais um pouco para polvilhar
500 g de farinha de trigo, mais um pouco para polvilhar
250 g de farinha de arroz ou maisena

Preaqueça o forno a 170°C. Usando uma tigela grande e uma colher de pau, um mixer ou uma batedeira, bata a manteiga com o açúcar até obter um creme. Peneire aos poucos sobre a tigela a farinha de trigo e a farinha de arroz ou a maisena, batendo ligeiramente entre cada adição até aderir bem. Enfarinhe as mãos e sove a massa delicadamente apenas até ficar lisa (não trabalhe demais). Para estender a massa com mais facilidade – e se tiver tempo – enrole em filme de PVC e deixe na geladeira por 30 minutos.

Em uma superfície enfarinhada, abra a massa até ficar com 5-6 mm de espessura e corte os biscoitos no formato desejado. Usei um cortador em forma de coração com 4,5 cm de largura. Se quiser congelar, coloque os biscoitos entre folhas de papel-manteiga em um recipiente adequado. Eles precisam ser descongelados 1 hora antes de assar. Transfira para duas assadeiras forradas com papel-manteiga e asse por 15-20 minutos. Polvilhe açúcar e deixe esfriar por 10 minutos antes de passar para uma grade de metal.

aromatizantes

Para dar sabor, adicione ao creme de manteiga antes de acrescentar a farinha:

baunilha: ½ colher (chá) de essência de baunilha

laranja – cardamomo: raspas finas de 1 laranja e ½ colher (chá) de sementes de cardamomo trituradas na hora e peneiradas

limão – lavanda: raspas finas de 1 limão e 4 colheres (chá) de flores frescas de lavanda

canela: 2 colheres (chá) de canela em pó

café: 1 colher (sopa) de café instantâneo

sal e pimenta: 24 voltas do moedor de pimenta ou a gosto. Depois de assados, polvilhe mais pimenta com açúcar, se preferir.

PARA DECORAR veja: Amanteigados recheados, p. 190

biscoitos amanteigados de baunilha

Essa receita é útil e versátil; a massa pode ser estendida bem fina e mantém o formato depois de assada. Usei um cortador de flor, com 7,5 cm de largura, mas você pode fazer no formato que preferir.

RENDE 40

- 370 g de farinha de trigo, mais um pouco para polvilhar
- ½ colher (chá) de sal
- 250 g de manteiga sem sal cortada em cubinhos
- 125 g de açúcar cristal
- 1 gema
- 1 colher (chá) de essência de baunilha
- 100 g de chocolate meio amargo ou ao leite em pedaços
- 1 saco de confeitar grande ou saco de plástico para freezer

Peneire a farinha e o sal em uma tigela e reserve. Bata a manteiga e o açúcar em uma tigela grande, usando uma colher de pau ou um mixer, até obter um creme fofo. Acrescente a gema e a baunilha e misture muito bem, depois incorpore a farinha. Quando formar uma massa, enfarinhe as mãos e embrulhe-a em filme de PVC. Gele por 1 hora (ou até por alguns dias, se quiser) ou congele por até um mês. É importante que a massa esteja bem gelada, pois é complicado trabalhar com ela em dias ou ambientes quentes. Quando quiser assar, preaqueça o forno a 180°C.

Estenda a massa em uma superfície enfarinhada até ficar com 3 mm de espessura usando bastante farinha, porque ela é grudenta. (Para facilitar, estenda a massa entre dois pedaços de filme de PVC.) Faça os biscoitos com o cortador no formato que desejar e distribua em duas assadeiras forradas com papel-manteiga. Asse por 12-15 minutos até adquirirem um tom dourado-claro. Retire do forno e espere esfriar por alguns minutos antes de transferi-los cuidadosamente para uma grade de metal. Os biscoitos ficam mais firmes à medida que esfriam.

Coloque o chocolate em banho-maria e mexa algumas vezes até derreter completamente. Deixe esfriar um pouco e coloque no saco de confeitar. Se for usar o saco plástico, encha-o com chocolate e faça um pequeno corte em uma das pontas. Espalhe um fio de chocolate sobre os biscoitos para decorar.

PARA DECORAR veja: Biscoitos rendados, p. 192; Biscoitos de Páscoa, p. 195

decorar

bolos

bolo de ouro 23 quilates

Opulência de verdade: um bolo de chocolate escuro, rico e luxuoso, envolto em ouro puro. Esse material nobre vem sendo usado para decorar alimentos há séculos, é inodoro e não tem sabor. Esse bolo é de tirar o fôlego – ideal para decorar o centro da mesa em uma ocasião importante – e talvez não custe tanto quanto você pensa. Para cobrir somente a superfície, você precisará de 30 folhas de ouro ou o dobro para cobrir também as laterais.

16-20 PORÇÕES

1 receita de Bolo festivo de chocolate (p. 14)

30 folhas de 8 cm x 8 cm de ouro 23 quilates
2 pincéis médios

Coloque o bolo no prato de servir.

A folha de ouro precisa ser aplicada com muito cuidado em um cômodo sem correntes de ar. É mais fácil começar dourando as laterais, se você for fazê-lo. Coloque as folhas de ouro ao lado do bolo e deslize uma folha de cada vez, segurando cuidadosamente os dois cantos superiores com a ponta dos dois pincéis: a estática faz as cerdas segurarem a folha. Tente não respirar sobre o ouro nem tocá-lo antes de assentá-lo sobre o bolo!

Passe delicadamente a ponta do dedo ou as costas de uma colher de chá sobre a folha de ouro, colando-a ao bolo e, em seguida, alise com um pincel.

Se preferir não usar tanto ouro, aplique somente 3 ou 4 folhas dispostas aleatoriamente sobre a superfície do bolo. O contraste entre o chocolate bem escuro e o ouro é lindo.

PARA ASSAR veja: Bolo festivo de chocolate, p. 14

expressionismo abstrato

Transforme seu bolo em uma obra de arte! Essa decoração foi inspirada no pintor Jackson Pollock. Podemos não estender uma enorme tela no chão como ele fazia, mas teremos uma pequena tela comestível coberta por glacê tingido com suco de beterraba. Com o auxílio de um pincel de confeiteiro e um saco de confeitar, espirre e salpique chocolate meio amargo e branco derretido por toda a cobertura, libertando o artista que há em você. Peça às crianças para ajudar.

10 PORÇÕES

1 receita de Bolo de chocolate e beterraba (p. 21), com o suco de beterraba reservado

250 g de açúcar de confeiteiro peneirado
corante alimentício rosa (opcional)
25 g de chocolate branco em pedaços
25 g de chocolate meio amargo em pedaços
2 sacos de confeitar
1 pincel de confeiteiro ou escova de dente nova

Desenforme o bolo sobre o prato de servir, de maneira que o fundo plano fique para cima.

Coloque o açúcar de confeiteiro em uma tigela e adicione, pouco a pouco, o suco de beterraba reservado da receita do bolo. Se quiser um rosa mais forte, terá de recorrer a um corante alimentício. Junte apenas um pouquinho (lembrando que ele é bem forte) ao açúcar de confeiteiro e mexa até incorporar e ficar com a cor bem vibrante. Cuidado para não usar corante demais, porque o glacê precisa se manter espesso o suficiente para recobrir as costas de uma colher. Despeje sobre o bolo e deixe secar por no mínimo 1 hora.

Derreta o chocolate branco em banho-maria, mexendo de vez em quando. Deixe esfriar um pouco e passe para um saco de confeitar com uma colher. Repita o processo com o chocolate meio amargo. Faça um corte bem pequeno na ponta de cada saco. Dilua um pouquinho de corante rosa em uma colherinha de água, de modo que fique mais escuro do que o glacê do bolo.

Agora, a parte mais divertida: faça fios com as duas cores de chocolate sobre a "tela" do bolo, depois borrife o corante diluído usando um pincel de confeiteiro ou uma escova de dente ligeiramente embebida na água tingida. Sinta-se à vontade para criar a sua obra de arte comestível.

PARA ASSAR veja: Bolo de chocolate e beterraba, p. 21

bolo genovês com amoras e gerânio

O gerânio-cheiroso ou malva (da espécie *Pelargonium*, para ser exata) não é tão fácil de encontrar, mas vale a pena procurá-lo. São os óleos essenciais das folhas que o tornam tão especial. Esfregue uma folha entre os dedos ou cozinhe com elas, pois cada variedade libera um incrível perfume e sabor: rosa, limão, laranja, hortelã, até mesmo noz-moscada e canela! O gerânio com aroma de rosas é meu preferido. Na estação certa, por que não seguirmos o conselho de Elizabeth David, a famosa escritora de livros de culinária, combinando gerânio com amoras? Eles têm uma extraordinária afinidade.

8 PORÇÕES

1 receita de Bolo genovês, massa e recheio separados (p. 34)

PARA O XAROPE
4 folhas de gerânio-cheiroso (variedade com aroma de rosa)
3 colheres (chá) de água de rosas
50 g de açúcar
suco de ½ limão

12 folhas novas de gerânio-cheiroso (de uma só variedade), mais algumas flores para decorar
250 g de amoras para rechear, mais algumas para decorar
açúcar de confeiteiro para polvilhar

Para fazer o xarope, pique 3 das folhas de gerânio. Coloque todos os ingredientes (reservando a última folha inteira) em uma panela pequena com a água de rosas e cozinhe em fogo brando até o líquido reduzir a 2 colheres (sopa). Coe e deixe esfriar. Experimente e, se quiser, adicione a quarta folha ou mais 1 colher (chá) de água de rosas, como preferir. O ideal seria deixar em infusão por mais ou menos 24 horas.

Arranje as doze folhas de gerânio no fundo da fôrma preparada. Despeje a massa e asse como descrito na receita (p. 34). Quando o bolo esfriar, elimine o papel-manteiga e as folhas de gerânio.

Corte o bolo ao meio na horizontal e borrife o xarope nas superfícies cortadas. Recheie com o creme da receita e as amoras. Una as duas metades e polvilhe açúcar de confeiteiro na superfície. Decore com mais amoras e raminhos de folhas e flores de gerânio-cheiroso.

PARA ASSAR veja: Bolo genovês, p. 34

fantasia oriental

Esse bolo encantador tem um raminho de flores de seda e algumas frutinhas artificiais, sobre as quais há um pequenino pássaro. Uma belíssima fita cravejada de pedras o envolve nas laterais, com extrema delicadeza.

8-10 PORÇÕES

- 1 receita de Bolo de anis-estrelado, amêndoas e clementina (p. 40)

- 1 kg de pasta americana branca
- 3 colheres (sopa) de geleia de damasco
- açúcar de confeiteiro, para polvilhar
- 50 g de glacê real branco
- raminho de frutinhas e flores miúdas artificiais
- 70 cm de fita de organdi lilás-claro com 5,5 cm de largura
- 70 cm de fita prata com 2 cm de largura cravejada de pedras
- 1 enfeite de passarinho, preso com um palito

Para cobrir com a pasta americana, umedeça o bolo com a calda (p. 40), sem os anises-estrelados, e acomode-o em uma superfície de trabalho limpa, de modo que o fundo plano fique para cima. Aqueça a geleia em uma panelinha em fogo baixo, coe e pincele todo o bolo.

Polvilhe a superfície de trabalho e o rolo de massa com açúcar de confeiteiro. Estenda a pasta americana formando um círculo um pouco maior que o diâmetro do bolo e as laterais, com pelo menos 5 mm de espessura. Não pare de movimentar a pasta e passe uma espátula comprida, de metal flexível, por baixo dela ou polvilhe mais açúcar de confeiteiro, se necessário, para não deixá-la grudar na superfície de trabalho.

Levante a pasta com as mãos (ou enrole-a no rolo sem apertar) e coloque sobre o bolo. Alise toda a superfície nas laterais até obter uma cobertura perfeita e depois corte o excesso. Passe a espátula sob o bolo e levante-o para colocá-lo no prato ou tábua de servir. Deixe a pasta firmar por 1-2 horas, se possível. Ele pode ser decorado imediatamente, mas tome muito cuidado para não amassar a cobertura.

Com o glacê real, prenda o raminho de flores e frutinhas no alto do bolo. Prenda as fitas com uma bolinha de glacê na parte de trás. Espete o passarinho no meio das flores.

PARA ASSAR veja: Bolo de anis-estrelado, amêndoas e clementina, p. 40

bolo mosaico

Criativas formas podem ser feitas com balas e confeitos variados. Aqui, a paleta de cores foi limitada para causar mais impacto. As crianças vão adorar criar novos desenhos.

10 PORÇÕES

1 receita de Bolo de gengibre com creme de manteiga e limão (p. 28), massa e recheio separados

1 kg de pasta americana branca
açúcar de confeiteiro, para polvilhar
60 g de glacê real branco
2 embalagens de confeitos de chocolate coloridos
1 m de fita de bolinhas com 2 cm de largura

Desenforme o bolo com o fundo para cima e corte ao meio na horizontal. Espalhe a maior parte do creme de manteiga e limão na superfície cortada e feche com a outra metade do bolo. Espalhe uma camada muito fina do creme de manteiga restante nas laterais para ajudar a colar a pasta americana no bolo.

Polvilhe a superfície de trabalho e o rolo de massa com um pouco de açúcar de confeiteiro. Estenda a pasta americana em um quadrado com a espessura de 5 mm e tamanho um pouco maior que o do bolo, contando as laterais. Levante a pasta aberta com as mãos ou enrole-a no rolo e estenda sobre o bolo. Alise delicadamente a superfície e as laterais, sem esticar. Trabalhe o mais depressa que puder porque a pasta seca rapidamente. Corte o excesso e, se ainda estiver limpo, guarde em um saco plástico com fecho hermético para usar em outra ocasião. Deixe o bolo secar por algumas horas, ou melhor ainda, de um dia para o outro.

Usando o glacê real, cole os confeitos de chocolate. Para não errar, faça o desenho no papel antes de começar a decoração no bolo.

Termine passando a fita em torno do bolo e colando as pontas com glacê real.

PARA ASSAR veja: Bolo de gengibre, p. 28

bolo de festa

Bandeiras e flâmulas decoram esse bolo de quatro camadas coloridas. Usei framboesa, mirtilo, limão-siciliano e limão, mas você pode experimentar outros sabores, como morango, manga, maracujá ou amora. Escolho primeiro as flâmulas e bandeiras, o que pode ser feito com antecedência, e depois coordeno as cores dos recheios para combinar.

16 PORÇÕES

2 receitas de Bolo Vitória (p. 24)

1 tubo de cola
retalhos de fitas e papéis coloridos
8 palitos
1,80 m de fita com 5 mm de largura (ou o suficiente para dar duas voltas no prato de servir)
1 receita de creme de manteiga sabor baunilha (p. 9)
80 g de framboesas
80 g de mirtilos
4 colheres (sopa) de lemon curd*
raspas finas de 1 limão
suco de ½ limão
corante alimentício verde
2 cata-ventos de papel (opcional)
1 rolo de fita adesiva dupla face

*LEMON CURD
4 colheres (sopa) de leite condensado
1 colher (sopa) de suco de limão- siciliano
Bater bem com o fouet e levar ao micro-ondas por 40 segundos.

Para as bandeiras, cole os pedaços de fita e papel nos palitos. Para fazer as flâmulas, corte triângulos de papel e cole-os à fita.

Prepare o creme de manteiga sabor baunilha e divida-o igualmente entre quatro tigelas. Para o purê de framboesa, aqueça as frutas em uma panelinha, amasse-as com um garfo e passe por uma peneira para retirar as sementes. Deixe esfriar. Faça o purê de mirtilos da mesma maneira, adicionando 1 colher (sopa) de água. Adicione o purê de framboesa a uma tigela de creme de manteiga, o de mirtilos à outra e o lemon curd à terceira. Acrescente à última as raspas e o suco de limão e um pouquinho de corante verde.

Pegue os 4 bolos Vitória (se você preferiu fazer 2 bolos grandes, corte-os ao meio na horizontal). Monte o bolo no prato de servir; espalhe os cremes coloridos entre as quatro camadas, finalizando com o de mirtilo.

Arranje as bandeiras e cata-ventos sobre o bolo e prenda a fita na borda do prato com a fita colante.

PARA ASSAR veja: Bolo Vitória, p. 24

cerejas de verão

Dizem que é possível reproduzir o trajeto das antigas estradas romanas na Inglaterra pelos arbustos de cereja selvagem que cresceram entre as pedras do calçamento, graças aos caroços que os legionários cuspiam enquanto marchavam! Esse bolo é decorado com pirulitos de cereja, mas você pode usar qualquer outro sabor.

8 PORÇÕES

1 receita de Bolo de cereja e marzipã (p. 50) assado em uma fôrma de pão

2 colheres (sopa) de geleia de damasco aquecida e coada
açúcar de confeiteiro, para polvilhar
1 kg de pasta americana branca
6 pirulitos de cereja
50 g de glacê real branco
90 cm de fita xadrez verde ou vermelha de 4,5 cm de largura

Coloque o bolo, com o fundo para cima, em uma tábua ou superfície limpa. Pincele a geleia em toda a superfície. Polvilhe levemente com açúcar de confeiteiro a superfície de trabalho e o rolo de massa. Abra a pasta americana formando um retângulo com 5 mm de espessura e tamanho um pouco maior do que o bolo, contando as laterais.

Levante a pasta americana com as mãos ou enrole, sem apertar, em torno do rolo de massa e estenda-a sobre o bolo, alisando delicadamente, até cobrir tudo. Não estique a pasta e trabalhe o mais depressa possível, porque ela seca rápido. Corte o excesso e, se estiver limpo, guarde-o num saco plástico com fecho hermético para uso futuro. Alise o bolo e as bordas com a palma das mãos para remover eventuais bolhas ou grumos.

Arranje os pirulitos de cereja na superfície do bolo, prendendo-os com um pouco de glacê real. Prenda a fita também usando o glacê real para grudar as pontas na parte de trás do bolo.

PARA ASSAR veja: Bolo de cereja e marzipã, p. 50

lojinha de doces

Um doce banquete para fazer brilhar os olhinhos infantis (e não espere que o bolo seja comido primeiro). Escolha as guloseimas à vontade: o importante é espalhá-las sobre o bolo. Usei as que fazem parte da minha memória afetiva e que, por sinal, meus filhos também adoram.

Coloque o bolo em uma tábua limpa. Polvilhe ligeiramente com açúcar de confeiteiro a superfície de trabalho e o rolo de massa. Abra a pasta com pelo menos 5 mm de espessura, formando um círculo que possa cobrir o bolo e as laterais.

Levante a pasta com as mãos ou enrole, sem apertar, em torno do rolo de massa e estenda-a sobre o bolo. Alise delicadamente a superfície e as laterais. Não estique a pasta e trabalhe o mais depressa possível, porque ela seca rápido. Corte o excesso e, se estiver limpo, guarde em um saco plástico com fecho hermético para uso futuro. Alise toda a superfície com a palma das mãos, para remover bolhas, grumos ou marcas.

Arranje os doces sobre o bolo, espalhando-os ao acaso. Decore a volta toda com jujubas. Cole tudo com glacê real.

8 PORÇÕES

1 receita de Bolo de chocolate caseiro, com a Cobertura de chocolate (p. 17) espalhada pela superfície e pelas laterais

açúcar de confeiteiro, para polvilhar
1 kg de pasta americana branca
seleção de doces: usei 2 bengalinhas de açúcar, 1 rato de açúcar, 2 pulseiras e 1 colar de balas ardidinhas, 1 pacote pequeno de corações de açúcar, 6 marshmallows listrados, 3-4 discos voadores e 40-50 jujubas. Inspire-se na foto ao lado e compre o que mais gostar, misturando uma boa variedade de docinhos
60 g de glacê real branco

PARA ASSAR veja: Bolo de chocolate caseiro, p. 17

jardim de verão

Essa é uma das decorações mais simples do livro e mostra que um bolo bonito não precisa ser complicado nem ter execução demorada. Qualquer tipo de flor comestível, dependendo da estação do ano, pode ser utilizado: experimente prímulas, violetas, crisântemos ou bocas-de-leão.

8 PORÇÕES

1 receita de Bolo de chocolate branco e água de rosas (p. 18) assado em fôrma redonda

100 g de pistaches sem casca e sem sal
200 g de chocolate branco, suíço ou fracionado, picado finamente
200 ml de creme de leite fresco
3 colheres (chá) de água de rosas
250 g de framboesas frescas
40-50 flores pequenas e comestíveis (usei cravinas, violetas, amor-perfeito, centaurinhas, margaridinhas e até pequeninos girassóis)

Preaqueça o forno a 170°C. Espalhe os pistaches em uma assadeira e leve ao forno para tostar por 5-10 minutos, agitando a assadeira uma vez e cuidando para não queimar. Retire do forno e pique.

Faça uma ganache branca com o chocolate, o creme de leite e a água de rosas como foi explicado na p. 18 (aqui você vai obter o dobro da quantidade).

Desenforme o bolo no prato de servir, de maneira que o fundo plano fique para cima. Corte ao meio na horizontal. Recheie com uma camada de ganache e as framboesas e cubra com a outra metade do bolo. Cubra o bolo e as laterais com a ganache restante.

Revista a lateral do bolo com os pistaches picados e, na hora de servir, decore a superfície com as flores, colocando-as bem juntas. Maravilhoso.

PARA ASSAR veja: Bolo de chocolate branco e água de rosas, p. 18

cupcake gigante

Em vez de fazer uma fornada de cupcakes, porque não surpreender seus convidados e servir um só, bem grande? Devo dizer que há certo desperdício por causa da necessidade de moldar os bolos, mas aproveite para comer as sobras à medida que for esculpindo. Vai ser uma festa na cozinha!

10-12 PORÇÕES

- 1 receita da massa do Bolo de café e avelã (p. 37)

- 1 receita de creme de manteiga sabor baunilha (p. 9)
- saco de confeitar de náilon
- bico de confeitar estrela grande
- 250 g de deditos de chocolate ao leite
- 20 grãos de café cobertos de chocolate
- 1 vela de bolo de 10 cm de altura

Preaqueça o forno a 180°C. Unte levemente com manteiga duas fôrmas de 15 cm de diâmetro e 7 cm de altura. Forre o fundo com papel-manteiga e unte-o também. Despeje a massa nas fôrmas e asse por 30-35 minutos. Deixe esfriar completamente, depois coloque no freezer por cerca de 1 hora para facilitar a montagem.

Com uma faca muito afiada, corte as bordas de um dos bolos em ângulo de modo que fique mais estreito na base (para imitar um cupkcake). Corte o bolo ao meio na horizontal e recheie com parte do creme de manteiga, espalhando-o também na superfície. Pegue o segundo bolo e coloque-o sobre o primeiro. Com a faca, corte as bordas em ângulo de modo que fique mais estreito no topo e arrendonde as quinas (veja a foto ao lado). Corte o bolo ao meio, na horizontal, e recheie com mais um pouco do creme de manteiga.

Espalhe uma camada de creme de manteiga na lateral do bolo de baixo e coloque o restante no saco de confeitar com bico estrela. Use-o para decorar o bolo como se estivesse decorando um cupcake normal.

Arranje os deditos de chocolate na vertical, um ao lado do outro, em toda a volta, para imitar a forminha de papel, apertando-os contra o creme. Salpique os grãos de café e coloque a vela.

PARA ASSAR veja: Bolo de café e avelãs, p. 37

coração com pétalas de rosa

Uma primorosa combinação de chocolate branco, água de rosas e framboesas, esse bolo fica ainda mais tentador por causa das pétalas cristalizadas e das raspas de chocolate branco. Pode ser feito com antecedência e guardado em uma caixa de papelão para bolos em ambiente seco e à temperatura ambiente.

8 PORÇÕES

1 receita de Bolo de chocolate branco e água de rosas (p. 18) assado em fôrma de coração, com o recheio separado

250 g de framboesas frescas
200 g de açúcar de confeiteiro peneirado
2-2½ colheres (sopa) de água de rosas
100 g de chocolate branco em pedaços
12 pétalas de rosas cristalizadas (p. 107)

Desenforme com o fundo para cima. Corte o bolo ao meio no sentido horizontal, espalhe o recheio e as framboesas frescas. Feche com a outra metade do bolo. Para fazer o glacê, coloque o açúcar de confeiteiro em uma tigela e adicione pouco a pouco a água de rosas, mexendo sem parar, até ficar suficientemente espesso para recobrir as costas de uma colher. Despeje o glacê sobre o bolo, permitindo que escorra pelas bordas. Deixe firmar por 1 hora, no mínimo.

Para fazer as raspas de chocolate, derreta o chocolate em banho-maria, mexendo delicadamente. Despeje sobre um pedaço de mármore e espalhe com uma espátula. Espere esfriar; um pouco de tempo na geladeira também ajuda.

Passe uma faca afiada, de lâmina fina, em um ângulo de 45 graus no chocolate (ou use um descascador de vegetais), de modo que a tira de chocolate enrole. Se estiver frio demais, não vai dar certo. Mole demais, será preciso voltar à geladeira por mais 15 minutos. O ideal é testar.

Espalhe as raspas de chocolate sobre o bolo e decore com as pétalas cristalizadas.

PARA ASSAR veja: Bolo de chocolate branco e água de rosas, p. 18

guirlanda de violetas

Esse bolo encanta pela delicadeza da guirlanda de violetas e amores-perfeitos. Ele ficará igualmente lindo decorado com outras pequenas flores.

6 PORÇÕES

- 1 receita de Bolo com casquinha crocante de limão com a calda (p. 31)

- 150 g de açúcar de confeiteiro peneirado
- corante alimentar roxo
- 20-25 violetas e amores-perfeitos pequenos cristalizados (p. 107)
- 50 g de glacê real branco (opcional)

Desenforme o bolo com o fundo plano para cima no prato de servir, o que facilita a decoração.

Coloque o açúcar de confeiteiro em uma tigelinha e adicione 1½-2 colheres (sopa) de água e uma quantidade muito pequena de corante roxo. O glacê deve ficar suficientemente espesso para recobrir as costas de uma colher. Espalhe o glacê sobre o bolo com uma colher, deixando escorrer pelas laterais.

Arranje as violetas e amores-perfeitos em círculo na borda, usando o glacê real para fixar as flores. Se quiser, coloque algumas flores também no centro do bolo. Muito, muito simples.

PARA ASSAR veja: Bolo com casquinha crocante de limão, p. 31

como fazer flores e folhas cristalizadas

Uma opção rápida e delicada para decorar que exige poucos utensílios, mas uma hora de tranquilidade e um pouquinho de paciência. Elas podem ser guardadas por até uma semana em lugar seco. Use somente flores não tratadas com agrotóxicos e que estejam bem secas.

FAÇA QUANTAS QUISER

- clara levemente batida
- açúcar
- flores e folhas comestíveis, como rosas inteiras ou pétalas de rosa, violetas-africanas, cravinas, amores-perfeitos, violetas, mimosas, centaurinhas, prímulas, bocas-de-leão, lavanda, folhas de gerânio-cheiroso, folhas de hortelã
- 1 pincel pequeno de pintar
- arame de florista (opcional)

Forre uma assadeira com papel-manteiga.

Coloque a clara em uma tigela e o açúcar em outra. Segure a flor, pétala ou folha pela base e pincele com a clara, tomando cuidado para recobrir todas as dobras. Polvilhe levemente o açúcar em toda a superfície e, em seguida, agite delicadamente para tirar o excesso.

Se estiver cristalizando rosas inteiras, introduza um arame de florista no cálice da flor, depois pendure o arame em um copo ou vaso grande. Deixe de um dia para o outro em lugar seco e quente. A flor secará durante esse período.

Se estiver cristalizando pétalas ou folhas, coloque-as na assadeira forrada e deixe de um dia para o outro em lugar seco e quente (um armário arejado é o ideal). Elas devem endurecer em poucas horas, tornando-se quebradiças.

Guarde as flores cristalizadas em um recipiente com tampa hermética, intercaladas com papel-manteiga. Elas são muito frágeis, por isso não faça mais de duas camadas.

jardim de rosas

Esse é o bolo ideal para celebrar o amor em solenidades mais íntimas, como festas de noivado e aniversários de casamento. Ou simplesmente para festejar lindos dias de primavera. Adornado com rosas inteiras cristalizadas, é um bolo muito elegante.

8 PORÇÕES

1 receita de Bolo de pistache e flor de laranjeira (p. 38) com a calda

200 g de açúcar de confeiteiro
2-2½ colheres (sopa) de suco de laranja
3 rosas cristalizadas (p. 107)

Desenforme o bolo no prato de servir para que o fundo plano fique para cima, o que facilita a decoração.

Peneire o açúcar de confeiteiro em uma tigela e adicione pouco a pouco o suco de laranja, sempre mexendo, até ficar suficientemente espesso para recobrir as costas de uma colher. Despeje o glacê sobre o bolo, deixando escorrer pelas laterais.

Espere a cobertura firmar por 1 hora, no mínimo, depois arranje cuidadosamente as rosas cristalizadas no centro.

PARA ASSAR veja: Bolo de pistache e flor de laranjeira, p. 38

bolo pascal de chocolate

Se você não aguenta mais comer ovos de chocolate, esse bolo será o encerramento perfeito para o almoço de Páscoa. Os ovinhos de açúcar podem ser feitos com muitas semanas de antecedência, o bolo, um ou dois dias antes, e a decoração, pouco antes da hora de servir.

12 PORÇÕES

1 receita de Bolo musse de chocolate (p. 58)

100 g de açúcar
1 molde plástico para ovos (rende 9 ovos de açúcar com 3 mm de comprimento)
50 g de glacê real branco
seleção de pequeninas flores de açúcar, rosas de fita e lacinhos
50 g de glacê real amarelo
raminhos de folhas frescas (de preferência, comestíveis)

Para fazer os ovos, coloque o açúcar em uma tigela. Adicione 5-10 ml de água e misture bem. A textura será de areia molhada. Coloque nos moldes, bem apertado, e nivele com uma espátula. Deixe-os firmar por 24 horas, até endurecerem.

Vire o molde e bata levemente na superfície de trabalho. As metades de ovos cairão. Cole as metades com um pouco de glacê real branco. Decore os ovinhos com flores de açúcar, rosas de fita ou laços, que devem ser colados com o glacê real. Complete com pontinhos amarelos.

Na hora de servir, coloque o bolo em um prato ou travessa. Arranje os ovos decorados em círculo na borda, com a folhagem.

PARA ASSAR veja: Bolo musse de chocolate, p. 58

bolo dança das fitas

Há séculos uma expressão de alegria e esperança, a dança das fitas é uma celebração comum a muitos países da Europa e das Américas. Solte a imaginação para escolher as cores de suas fitas.

8 PORÇÕES

1 receita de Bolo de laranja (p. 32)
½ receita de creme de manteiga sabor laranja (p. 9)

1 m de fita branca de cetim com 1 cm de largura
1 tubo de plástico ou papelão, com cerca de 15 cm de comprimento e 1 cm de diâmetro
1 tubo de cola
6 pedaços de fita de 1,20 m de comprimento com 3 mm de largura, de cores diferentes
açúcar de confeiteiro, para polvilhar
1 kg de pasta americana branca
50 g de glacê real branco
70 cm de sianinha com 1 cm de largura (a minha era verde com flores brancas)
5 flores de açúcar pequenas

Para fazer o mastro, enrole a fita branca cobrindo o tubo e cole as duas pontas. Pegue os seis pedaços de fita colorida de 3 mm de largura e, começando em uma extremidade, enrole-as juntas, bem apertado, em volta do mastro. As pontas também precisam ser coladas na parte de baixo (eu as encaixei no interior do tubo e colei-a firmemente). No topo, fixe-as no interior do mastro e depois as faça descer até o bolo em cascata. No alto, faça um chumaço colorido com dois pedaços de 15 cm de cada cor de fita de 3 mm de largura, enfiando as pontas no tubo. Faça seis lacinhos de cores diferentes, usando 15 cm de cada fita de 3 mm.

Desenforme o bolo, de modo que o fundo fique para cima. Corte ao meio na horizontal e recheie com um pouco do creme de manteiga. Tampe com a outra metade, depois cubra todo o bolo com creme de manteiga.

Polvilhe uma superfície de trabalho limpa com açúcar de confeiteiro (e também o rolo de massa) e estenda a pasta americana em um círculo com 5 mm de espessura e tamanho um pouco maior do que o diâmetro do bolo, contando as laterais. Levante a pasta com as mãos ou enrole em torno do rolo, sem apertar, e estenda sobre o bolo. Alise delicadamente, indo do centro em direção às bordas. Corte o excesso e ajeite o bolo com as mãos, para remover bolhas ou grumos.

Encontre o centro do bolo e introduza o mastro. Com o saco de confeitar, coloque um pouco de glacê real no orifício para prender o mastro. Pegue as seis fitas presas no alto do mastro e, usando glacê real, prenda-as em seis pontos equidistantes na borda e na base do bolo. Elimine algum excesso de fita. Cole um lacinho de cor contrastante em cada um dos seis pontos em volta do bolo e prenda a sianinha florida contornando a base. Cole as florzinhas de açúcar em torno da base do mastro, usando o glacê real como cola.

PARA ASSAR veja: Bolo de laranja, p. 32

merengue com frutas vermelhas e rosas

Todos os aromas, as cores e os sabores do verão. Camadas de suspiro crocante recheadas com creme de leite batido com um sutil perfume de baunilha e rosa, transbordando de frutinhas vermelhas e salpicadas de pétalas de rosa.

12 PORÇÕES

PARA O MERENGUE

1 receita de Merengue com frutas tropicais (p. 55), sem assar

corante alimentício rosa em pasta ou líquido

PARA O RECHEIO

600 ml de creme de leite fresco
2 colheres (chá) de essência de baunilha ou sementes de 1 fava
2 colheres (chá) de água de rosas
4 colheres (sopa) de açúcar de confeiteiro, mais um pouco para polvilhar (opcional)
800 g de frutas vermelhas a gosto: framboesas, mirtilos, groselhas vermelhas, amoras, morangos, cerejas frescas
1 pote de glitter comestível transparente (opcional)
15-20 pétalas de rosa

Espalhe as claras batidas formando os três círculos de suspiro nas assadeiras como descrito na p. 55. Mergulhe a ponta de um espeto, ou o cabo de uma colher (chá), no corante rosa (se estiver usando corante em pasta, primeiro dilua com um pouquinho de água) e faça ondas sobre o merengue. Asse como descrito na p. 55. Os círculos devem ficar secos e crocantes por fora e podem até rachar nas bordas, o que é ótimo. Deixe a porta do forno entreaberta até esfriar completamente.

Bata o creme de leite até obter picos moles, acrescentando a baunilha, a água de rosas e o açúcar. Coloque o círculo de suspiro maior na travessa de servir. Espalhe sobre ele metade do creme batido, salpique metade das frutas e cubra com o segundo círculo de suspiro. Repita com o creme e as frutas restantes e finalize com o círculo menor. Polvilhe açúcar de confeiteiro e um pouquinho de glitter (se quiser). Espalhe as pétalas de rosa, deixando-as cair por toda a superfície do merengue.

PARA ASSAR veja: Merengue com frutas tropicais, p. 55

coração cor-de-rosa

O que mais uma garota poderia querer para uma comemoração especial? Esse bolo é fácil de preparar e decorar, mas causa satisfação em quem o recebe.

8 PORÇÕES

- 1 receita da massa do Bolo Vitória (p. 24)

- 250 g de manteiga sem sal, mais um pouco para untar
- 300 g de açúcar de confeiteiro peneirado
- 1 colher (chá) de essência de baunilha
- corante alimentício rosa
- 3 colheres (sopa) de geleia de framboesa ou morango
- 60 g de bolinhas multicoloridas (acrescentei algumas prateadas maiores e pequeninas, mas pode usar de um só tamanho)
- 1 pote de glitter comestível transparente
- 3 velas rosa ou lilás com seus suportes (opcional)

Preaqueça o forno para atingir 180°C.

Unte muito bem com manteiga uma fôrma em formato de coração com 23 cm na parte mais larga e forre com papel-manteiga. Despeje a massa e asse por 30-35 minutos. Quando um palito inserido no centro sair limpo, o bolo está pronto. Deixe esfriar na fôrma por alguns minutos, depois desenforme em uma grade de metal, retire o papel e espere ficar completamente frio.

Para o creme, bata a manteiga, o açúcar e a baunilha por 5 minutos na batedeira, até ficar fofo e leve. Adicione gotas do corante rosa. Qualquer tom é adequado; você pode escolher um rosa-bebê, médio ou, como eu fiz, uma tonalidade bem ao gosto das adolescentes.

Vire o bolo deixando o fundo para cima e corte-o ao meio no sentido horizontal. Recheie com um pouco do creme de manteiga usando uma espátula e, sobre esse, espalhe a geleia. Tampe com a outra metade do bolo e cubra-o completamente com o creme de manteiga restante, procurando deixá-lo o mais liso possível.

Logo a seguir (não perca tempo, porque a cobertura começará a firmar), aperte as bolinhas em toda a borda do coração, formando uma faixa. Salpique um pouquinho de glitter. Se quiser, coloque as velas.

PARA ASSAR veja: Bolo Vitória, p. 24

bolo com serpentinas

Perfeito para todas as idades. Os cupcakes que decoram a superfície são feitos de pasta americana. Se quiser, você pode fazê-los com algumas semanas de antecedência e guardar em uma caixa de papelão à temperatura ambiente.

Coloque o bolo de chocolate na tábua preparada. Para fazer os cupcakes, coloque uma rodela de pasta americana, com a espessura de um bolinho, em cada forminha de alumínio. Faça o glacê adicionando 2 colheres (sopa) de água ao açúcar de confeiteiro, aos poucos, até ficar suficientemente espesso para recobrir as costas de uma colher. Divida o glacê entre três tigelinhas. Tinja a primeira de rosa, a segunda de verde e a terceira de amarelo. Cubra as porções de pasta americana com o glacê, usando uma colher, fazendo quatro cupcakes de cada cor. Em seguida, salpique os confeitos coloridos. Arranje os cupcakes decorativos sobre o bolo de chocolate.

Deixe as fitas encaracoladas passando o lado cego de uma faca em todo o comprimento. Apoie as serpentinas sobre o bolo, deixando-as cair em cascata nas laterais.

8 PORÇÕES

1 receita de Bolo de chocolate caseiro, com a cobertura de chocolate (p. 17)

1 tábua de 25 cm de diâmetro forrada de papel-alumínio decorativo
120 g de pasta americana branca
12 forminhas de alumínio para docinhos
200 g de açúcar de confeiteiro peneirado
corante alimentício rosa
corante alimentício verde
corante alimentício amarelo
3 colheres (chá) de confeitos miúdos, coloridos, sendo ¼ colher (chá) para cada bolinho
fitas metálicas em várias cores, todas com 1 m de comprimento

PARA ASSAR veja: Bolo de chocolate caseiro, p. 17

rosas de fita

Essas rosas são muito fáceis e rápidas de fazer porque não exigem costura. Prefiro cores realistas, mas você pode escolher cores ousadas. Se quiser, faça com meses de antecedência.

8 PORÇÕES

1 Bolo de cereja e marzipã (p. 50), assado em fôrma redonda

1 kg de pasta americana branca
corante alimentício em pasta marfim, salmão ou amarelo-claro
3 colheres (sopa) de geleia de damasco
açúcar de confeiteiro, para polvilhar
3 pedaços de fita de organza com metal, cada um com 1 m de comprimento e 3,8 cm de largura, de cores diferentes
80 cm de fita de organza verde com 3,5 cm de largura
50 g de glacê real branco
3 folhas artificiais

Tinja a pasta americana de véspera, se possível (p. 11). Misture os tons para alcançar o desejado. Eu escolhi cor de creme.

Aqueça levemente a geleia em uma panelinha, passe por uma peneira e espalhe por todo o bolo. Polvilhe a superfície de trabalho com açúcar de confeiteiro e estenda a pasta americana até ficar com 5 mm de espessura, formando um círculo um pouco maior do que o diâmetro do bolo, contando as bordas. Movimente a pasta, adicionando mais açúcar de confeiteiro, se for preciso, para não grudar. Levante a pasta e coloque sobre o bolo, alise toda a superfície com as mãos e corte o excesso. Passe uma espátula de metal com lâmina flexível sob o bolo, erguendo-o para colocar no prato de servir. Deixe firmar por 1 hora, no mínimo.

Para fazer a rosa, pegue 1 m da fita com metal e dê um nó bem apertado em uma das pontas. Puxe o metal a partir da outra extremidade, levando o franzido para o nó. Continue puxando até toda a fita ficar bem franzida. Começando pelo nó, enrole a fita franzida para formar o miolo e as pétalas. Prenda bem firme com o metal restante e corte o excesso. Repita com as outras duas fitas.

Passe a fita de organza verde em torno do bolo e prenda na parte de trás com um pouco de glacê real. Coloque as rosas no centro e, em volta, as folhas artificiais.

PARA ASSAR veja: Bolo de cereja e marzipã, p. 50

bolo com pétalas frescas

Não é preciso prática, tempo nem utensílios especiais, mas sirva imediatamente depois de decorar, porque as pétalas murcham logo. O único segredo é a escolha de flores comestíveis. Usei centaurinha, lavanda, rosa e malmequer. Recheei e cobri o bolo com Creme de manteiga com lavanda e limão (p. 146), mas, se preferir, um creme de manteiga mais simples com limão e baunilha (p. 9) também fica bom.

8-10 PORÇÕES

1 receita da massa do Bolo Vitória (p. 24)

5 colheres (sopa) de lemon curd (p.92) (ou geleia de maracujá)
½ receita de Creme de manteiga com lavanda e limão (p. 146)
seleção de pétalas comestíveis sem agrotóxicos em cores contrastantes: experimente lavanda, centaurinha, rosa, malmequer, crisântemo, amor-perfeito, prímula, margarida ou cravo

Se você escolheu assar o bolo em duas fôrmas, espalhe o lemon curd e o creme de manteiga por toda a superfície e laterais dos dois bolos. Se assou um só bolo mais alto, corte-o ao meio horizontalmente com uma faca serrilhada, inverta a parte de cima em uma superfície de trabalho e recheie com o lemon curd e uma camada de creme de manteiga. Cubra com a outra metade do bolo, de modo que o fundo fique para cima, e espalhe a cobertura em toda a superfície e laterais do bolo. Deixe o mais liso possível.

Enrole as pétalas (menos a lavanda, porque as flores são pequeninas) e corte-as em tiras muito finas com uma tesoura. Mantenha as tirinhas frescas por até 1 hora, deixando-as espalhadas sobre uma toalha ou pano de prato úmido.

Para decorar, pegue um pequeno punhado de pétalas de cada vez e pressione sobre o creme de manteiga que recobre o bolo. Espalhe o restante das pétalas.

PARA ASSAR veja: Bolo Vitória, p. 24

borboletas graciosas

Borboletas coloridas de tecido ou papel, presas com metal, pairam sobre esse bolo, criando um impacto instantâneo.

Se possível, tinja a pasta americana branca na véspera usando as duas cores indicadas, até conseguir o tom desejado (p. 11).

Aqueça a geleia em fogo baixo, passe por uma peneira e pincele em todo o bolo. Polvilhe açúcar de confeiteiro na superfície de trabalho, que deve estar bem limpa, e estenda a pasta americana até ficar com 5 mm de espessura, formando um círculo com o diâmetro do bolo mais as laterais. Continue movimentando a pasta e passe uma espátula por baixo, adicionando mais açúcar de confeiteiro embaixo para não grudar. Levante o círculo de pasta com as mãos (ou enrole no rolo de massa, sem apertar) e coloque sobre o bolo. Alise com as mãos e ajeite na lateral até obter um bom formato. Corte o excesso.

Com uma espátula, transfira o bolo para o prato de servir. Se quiser marcar pequenas flores na cobertura, aperte o carimbo sobre o bolo umas 30 vezes. Deixe firmar por 1-2 horas. Contorne a base do bolo com a trança de fita e prenda as pontas com glacê real.

Enrole as fitas uma na outra sem apertar e coloque-as em torno do bolo. Amarre atrás ou corte as extremidades e cole com um pouquinho de glacê real. Arranje as borboletas sobre o bolo de modo que pareçam estar pairando sobre ele.

8 PORÇÕES

1 Bolo de cereja e marzipã (p. 50) assado em fôrma redonda

1 kg de pasta americana branca
corante alimentício em pasta cor de laranja
corante alimentício em pasta vermelho
3 colheres (sopa) de geleia de damasco
açúcar de confeiteiro, para polvilhar
1 carimbo marcador para decoração em formato de flor de 1 cm (opcional)
1 m de trança de fitas com 1,5 cm de largura
2 pedaços de 1 m de fita com 3,8 cm de largura combinando com as cores das borboletas
50 g de glacê real branco (opcional)
6-8 enfeites de borboleta com metal para sustentação (as minhas tinham 8 cm de largura)

PARA ASSAR veja: Bolo de cereja e marzipã, p. 50

exuberância indiana

Esse bolo exótico foi inspirado pelas minhas visitas anuais à Índia. Sua impressionante decoração com rosas feitas de pasta americana em cores fortes me lembra as especiarias picantes daquele país. Mesmo que, na primeira vez, suas rosas não saiam perfeitas, não se importe: as cores vibrantes polvilhadas com glitter e o toque final da fita cravejada de pedras causam impacto suficiente.

As rosas podem ser feitas com algumas semanas de antecedência. Divida a pasta americana em cinco partes (essa quantidade rende cerca de 40 rosas de 5 cm).

Quando for colorir a pasta americana, o uso do preto é opcional. Ele cria uma cor mais impactante, mas use apenas uma ponta de palito quando solicitado. Misture as cinco cores (p. 11): crie um vermelho forte com vermelho, amarelo-ovo e preto; um rosa vibrante com violeta, pink e preto; um rosa-claro com pink; um laranja forte com amarelo-ovo e preto. Deixe a pasta descansar de um dia para o outro (ficará muito mais fácil de moldar).

Faça 8 rosas de cada cor (p. 129). Polvilhe com glitter e guarde em uma caixa de papelão fechada à temperatura ambiente.

Pouco antes de servir, arranje as rosas cobrindo completamente a superfície do bolo.

Enrole a fita em torno da base e use um pouco da ganache para prendê-la na parte de trás.

16-20 PORÇÕES

1 receita de Bolo festivo de chocolate (p. 14) coberto com a ganache feita de chocolate com pimenta

1,2 kg de pasta americana branca
corante alimentício em pasta nas seguintes cores: vermelho, amarelo-ovo, violeta, pink, amarelo e preto (opcional)
1 pote de glitter comestível transparente
1 m de fita cravejada de pedras ou com bordados com 4 cm de largura

PARA ASSAR veja: Bolo festivo de chocolate, p. 14

como fazer rosas de pasta americana

Vale a pena dominar essa arte. Não se preocupe: nunca encontrei alguém que não tenha conseguido fazer essas rosas! Não são necessários utensílios especiais, só um pouco de paciência e perseverança. Na natureza não existem duas rosas iguais, e as suas também serão diferentes. À medida que for adquirindo prática, terá mais facilidade, e suas rosas melhorarão rapidamente.

FAÇA QUANTAS ROSAS QUISER

40 g de pasta americana para cada rosa
açúcar de confeiteiro para polvilhar
uma bolotinha de gordura vegetal branca

O uso de corante líquido deixa a pasta mais mole. Quanto mais escura a pasta – ou seja, quanto mais corante você adicionar –, mais mole ela fica e, portanto, mais difícil de moldar. Por isso, nas primeiras tentativas, use cores claras. Depois de sovar e colorir a pasta (p. 11) talvez seja preciso ajustar a textura. Se estiver mole demais, adicione mais açúcar; se estiver seca demais, adicione uma bolotinha de gordura vegetal. Se possível, tinja a pasta na véspera do dia em que for moldar, para facilitar o trabalho. Guarde a pasta americana em um saco plástico com fecho hermético e as rosas acabadas em uma caixa de papelão (não em recipiente hermeticamente fechado porque elas ficam úmidas), ambos à temperatura ambiente. Nunca coloque na geladeira. As rosas duram meses.

Pegue 40 g de pasta americana. Corte um saco plástico firme ao meio (como se fosse um livro) e coloque em uma superfície de trabalho. Tire um terço da pasta, faça uma bola e depois molde um cone. Achate a base do cone na bancada.

Molde 7 ou 8 bolas (serão as pétalas) com a pasta restante e coloque-as em um lado do saco plástico, cubra com o outro lado e amasse cada bola até ficar bem fina. Quanto mais fina a espessura, mais bonita ficará a pétala, mas não espere demais no começo.

Levante o plástico delicadamente. Pegue uma pétala de cada vez com o lado que você apertou por cima e molde-a em torno do cone, cobrindo completamente a ponta dele. Pegue a segunda pétala e coloque bem em cima da ligação da primeira (de novo, com a parte não apertada voltada para fora) e molde em torno do cone. Coloque a terceira pétala no lado oposto. Enrole as pontas das pétalas à medida que for trabalhando, para que pareça uma rosa verdadeira.

Enrole as 4 ou 5 pétalas restantes em torno do botão, cada uma ultrapassando um pouco a outra. De novo, vá moldando a ponta das pétalas à medida que for trabalhando. Com uma faquinha afiada, corte a base em um pequeno ângulo. Você pode guardar essas sobras para quando fizer a rosa seguinte.

árvores de Natal

Uma pequena floresta de pinheiros com troncos de pirulitos ou bengalinhas doces natalinas e açúcar cintilante para criar a neve adornam esse bolo.

RENDE 40 FATIAS

1 receita do Bolo rico de frutas e tamarindo (p. 46)

1,3 kg de pasta americana branca
corante alimentício em pasta verde
fôrma redonda de 25 cm de diâmetro (opcional)
4 colheres (sopa) de geleia de damasco
1 kg de marzipã (p. 138)
açúcar de confeiteiro, para polvilhar
15 ml de conhaque ou água bem quente
pirulitos ou bengalinhas de açúcar natalinos, listrados de branco e vermelho, cortados em pedaços de 6 mm de comprimento
cortador em forma de pinheiro com 7 cm
cortador em forma de pinheiro com 3,5 cm
1 pote de glitter comestível transparente
50 g de glacê real branco
2-3 cubos de açúcar
4,5 m de fita de cetim vermelha com 3 mm de largura

Tinja 300 g de pasta americana em dois tons de verde, fazendo primeiro o mais escuro (p. 11). Coloque em dois sacos plásticos com fecho hermético separados. Desenforme o bolo direto no prato de servir, prendendo-o com uma colherada de geleia. Se houver buracos na massa ou se o formato não estiver bom, corrija com pedacinhos de marzipã. Quando estiver liso, aqueça a geleia restante em uma panelinha em fogo baixo, coe e pincele o bolo inteiro. Sove o marzipã até ficar maleável. Polvilhe a superfície de trabalho e o rolo com açúcar de confeiteiro e estenda o marzipã até ficar com 5 mm de espessura, formando um círculo de diâmetro um pouco maior do que o bolo, contando as laterais. Levante a pasta sobre o bolo, apoie sobre a superfície, alise com as mãos e corte os excessos. Deixe descansar de um dia para o outro para firmar.

Pincele o marzipã com o conhaque e, em uma superfície limpa e plana, sove a pasta americana restante até ficar maleável. Polvilhe a superfície de trabalho e o rolo com açúcar de confeiteiro e estenda a pasta para obter um círculo de 5 mm de espessura, com diâmetro um pouco maior do que o bolo contando as laterais. Levante com as mãos (ou enrole no rolo sem apertar) e coloque sobre o bolo. Alise delicadamente e corte os excessos. De novo, deixe o bolo descansar até o dia seguinte para a pasta firmar.

Para os pinheiros, estenda a pasta verde-escura até obter 7 mm de espessura e corte uma árvore grande e cinco pequenas. Repita o processo com a pasta verde-clara, cortando duas árvores grandes e quatro pequenas. Mergulhe todas as pontas no glitter e depois, com o glacê real, cole-as nos troncos de pirulito. Volte a estender as duas pastas verdes restantes até obter 2 mm de espessura e corte uma árvore grande e cinco pequenas no verde-escuro e duas grandes e quatro pequenas no verde-claro. Cole essas árvores mais finas na parte de trás das grandes para esconder a colagem. Enfie os troncos no bolo, todos virados para o mesmo lado. Esfarele os cubos de açúcar, espalhe sobre a superfície e salpique o glitter. Termine dando seis voltas com a fita em torno do bolo e prenda as pontas na parte de trás com glacê real.

PARA ASSAR veja: Bolo rico de frutas e tamarindo, p. 46

bolo com frutas e nozes glaceadas

As mais belas frutas glaceadas - peras inteiras, clementinas e figos – aparecem, lindas como joias, nas grandes confeitarias na época do Natal. Aqui, indico as frutas e nozes que usei, mas você pode substituí-las de acordo com sua preferência, usando o que encontrar. Imagine esse lindo bolo no centro de sua mesa natalina...

RENDE 20 FATIAS

1 receita de Bolo de frutas secas com rum (p. 44), sem a cobertura de frutas

3 colheres (sopa) de geleia de damasco
2 colheres (sopa) de rum
600 g de marzipã (p. 138)
açúcar de confeiteiro, para polvilhar
3 peras glaceadas
1 clementina (ou tangerina) glaceada
3 figos glaceados
6 fatias de laranja glaceadas
12 cerejas glaceadas inteiras
60 pistaches sem casca e sem sal
40 nozes-pecãs
1 raminho de folhas de louro
1,5 m de ráfia colorida

Desenforme o bolo sobre uma grade de metal de modo que o fundo fique para cima. Coloque a geleia e o rum em uma panelinha e deixe ferver. Espere esfriar um pouco, coe e pincele metade na parte superior do bolo.

Polvilhe um pouco de açúcar de confeiteiro na superfície de trabalho e no rolo e estenda o marzipã até obter uma espessura de 1 cm. Usando a fôrma como molde, corte um quadrado do mesmo tamanho do bolo. Coloque a folha de marzipã sobre o bolo.

Pincele o marzipã com mais da mistura de geleia e rum. Arranje as frutas e as nozes em toda a superfície do bolo, firmando-as no marzipã para não soltarem. Disponha as folhas de louro entre elas – atenção: elas não devem ser ingeridas, são apenas decorativas.

Passe a ráfia em torno do bolo e amarre com um nó. Se o bolo for servido somente depois de alguns dias, coloque uma tira de papel-manteiga sob a ráfia para evitar que as laterais do bolo sequem.

PARA ASSAR veja: Bolo de frutas secas com rum, p. 44

bolo dos pinguins

Embora esse bolo tenha sido criado como uma alternativa para bolos natalinos, nada impede que seja feito em qualquer época do ano. Os pinguins precisam ser mantidos à temperatura ambiente, e o bolo não deve ficar horas fora da geladeira ou será difícil de cortar, portanto decore pouco antes de servir. Os pinguins podem ser feitos com algumas semanas de antecedência e guardados em um caixa de papelão com tampa (não em recipiente hermeticamente fechado, porque ficam úmidos).

12 PORÇÕES

1 receita de Bolo gelado surpresa (p. 56)

150 g de açúcar de confeiteiro
250 g de pasta americana preta
50 g de pasta americana branca
20 g de glacê real branco
20 g de glacê real preto
20 g de glacê real amarelo
1 pote de glitter comestível transparente

Para fazer a neve, adicione 1½-2 colheres (sopa) de água ao açúcar de confeiteiro até ficar suficientemente espesso para recobrir as costas de uma colher. Despeje sobre toda a superfície do bolo.

Para fazer um pinguim, molde um cone de pasta preta (o maior que eu fiz tinha 4 cm de altura e os menores, 2,5 cm). Faça um corte com a ponta de uma tesoura para criar as asas e puxe-as separando do corpo. Faça uma bolinha de pasta branca com os dedos, achate-a para formar a barriga e aperte no corpo do pinguim, colando com um pouco de glacê real. Com o saco de confeitar e um bico muito fino, faça dois olhos em branco, deixe secar por 1 hora, depois faça as pupilas pretas. Faça o bico amarelo. Modele bolas de pasta branca de tamanhos variados para terminar a decoração com as bolas de neve.

Arrume os pinguins no bolo e, em volta dele, acrescente as bolas de neve. Por fim, salpique o glitter.

PARA ASSAR veja: Bolo gelado surpresa, p. 56

bolo gingerbread

Esse clássico inglês de Natal agrada toda a família. Quem gosta de frutas come o bolo. Quem não gosta fica contente comendo os biscoitinhos de gengibre!

RENDE 40 FATIAS

1 receita do Bolo rico de frutas e tamarindo (p. 46)
½ receita da massa de Biscoitos de gengibre (p. 73)

4 colheres (sopa) de geleia de damasco aquecida e coada
1 kg de marzipã (p. 138)
1 colher (sopa) de conhaque ou água fervida
açúcar de confeiteiro, para polvilhar
1 kg de pasta americana branca
cortador em formato de bonecos (7,0 cm x 5,5 cm)
cortador em formato de bonecos (9,5 cm x 7,0 cm)
6 palitos
30 g de glacê real preto
30 g de glacê real vermelho
60 g de glacê real branco
confeitos coloridos de chocolate

Desenforme o bolo no prato de servir com o fundo para cima. Use um pouco de geleia de damasco para não escorregar. Se houver buracos no bolo ou defeito no formato, corrija com pedacinhos de marzipã. Quando estiver arrumado, pincele todo o bolo com a geleia de damasco. Sove o marzipã até ficar maleável. Polvilhe a superfície de trabalho e o rolo com açúcar de confeiteiro. Estenda o marzipã até ficar com 5 mm de espessura, formando um círculo um pouco maior do que o bolo mais as laterais. Levante o marzipã e coloque sobre o bolo, alise bem e corte o excesso. Deixe firmar de um dia para o outro.

Pincele o marzipã com o conhaque. Em uma superfície limpa e plana, sove a pasta americana até ficar maleável. Polvilhe a mesa e o rolo com açúcar de confeiteiro e estenda a pasta até obter 5 mm de espessura, formando um círculo um pouco maior do que o diâmetro do bolo mais as laterais. Levante a pasta com as mãos (ou enrole no rolo sem apertar) e coloque em cima do bolo. Alise delicadamente com as mãos e corte o excesso. Deixe firmar de um dia para o outro.

Preaqueça o forno a 180°C. Estenda a massa do biscoito de gengibre até ficar com 4 mm de espessura e recorte doze homens grandes e doze pequenos. Forre duas assadeiras com papel-manteiga e arranje os biscoitos grandes em uma delas e os pequenos na outra (eles assam em menos tempo). Aperte dois palitos na parte de trás das pernas de três bonecos pequenos para ficarem em pé sobre o bolo. Asse por 8-15 minutos, dependendo do tamanho. A massa vai escurecer. Retire do forno e deixe esfriar em uma grade de metal. Com saco e bico de confeitar, faça olhos pretos e bocas vermelhas nos grandes e coloque uma bolinha de chocolate no meio para o nariz. Faça olhos pretos, nariz e boca vermelhos nos pequenos. Cole três botões nos grandes e dois nos pequenos. Contorne o bolo com os biscoitos grandes, colando as cabeças com um pouco de glacê real. Coloque os três bonecos com os palitos no alto do bolo. Restarão nove biscoitos para servir separadamente.

PARA ASSAR veja: Bolo rico de frutas e tamarindo, p. 46; Biscoitos de gengibre, p. 73

matelassê de marzipã

Perfeito e chiquérrimo para um chá da tarde.

15 PORÇÕES

- 1 receita de Bolo de uísque, tâmaras e nozes (p. 49) assado em fôrma quadrada
- 2 colheres (sopa) de geleia de damasco
- açúcar de confeiteiro, para polvilhar
- 600 g de marzipã (ver receita abaixo)
- 50 confeitos dourados
- 4 metades de nozes
- ½ colher (chá) de bebida alcoólica sem cor (vodca ou gin)
- pó de ouro comestível
- 1 pincel pequeno de pintura
- 30 g de glacê real branco (opcional)
- 1,5 m de ráfia natural

Desenforme o bolo em um prato de servir. Aqueça levemente a geleia em uma panelinha, coe e use para pincelar todo o bolo. Em uma superfície de trabalho limpa e polvilhada com açúcar de confeiteiro, estenda o marzipã até ficar com 1 cm de espessura e o tamanho exato da superfície do bolo, usando a fôrma como molde. Apare as bordas com uma faca afiada e depois levante o marzipã com as mãos e coloque sobre o bolo. Com as costas de uma faca grande, marque a superfície, fazendo o primeiro sulco de um canto para o canto oposto e, em seguida, marque linhas paralelas, distantes cerca de 8 cm entre si. Repita na outra direção para formar o efeito do matelassê. Coloque um confeito dourado em cada cruzamento.

Para dourar as quatro metades de nozes, misture a bebida alcoólica com o pó de ouro usando o pincel para cobri-las. Aperte-as firmemente em cada canto do bolo (talvez seja preciso usar um pouco de glacê real para segurá-las no local). Envolva a ráfia em torno do bolo e amarre com um nó. Se o bolo demorar alguns dias para ser consumido, coloque uma tira de papel-manteiga embaixo da ráfia para evitar que as laterais sequem.

marzipã

RENDE CERCA DE 600 G, SUFICIENTE PARA COBRIR UM BOLO DE 20 CM DE DIÂMETRO

- 190 g de açúcar de confeiteiro
- 380 g de amêndoas moídas
- 3 colheres (chá) de suco de limão
- 3 gemas
- 4 gotas de essência de amêndoa

Misture o açúcar de confeiteiro e as amêndoas moídas em uma tigela. Em outra tigela, misture o suco de limão, as gemas e a essência de amêndoa. Pouco a pouco, adicione essa mistura aos ingredientes secos e sove tudo até formar uma pasta firme. (Se trabalhar demais, ela ficará gordurosa.) Guarde em um saco plástico com fecho hermético na geladeira e use no prazo de 1 semana.

PARA ASSAR veja: Bolo de uísque, tâmaras e nozes, p. 49

bolo de casamento vintage

Um encantador clássico de três andares, que será o protagonista em qualquer festa de casamento. Pode ser assado e decorado até um mês antes e não exige o trabalho de misturar cores, porque todo o projeto é feito em pasta americana cor de creme, com destaques em ouro. (Também pode ser feito em branco e ouro). Se dividir o trabalho em etapas, planejando bastante tempo para fazer, verá que ele é mais simples do que poderia imaginar.

noções básicas

As tábuas de bolo são usadas durante a montagem, por isso é possível usar qualquer uma que tiver em casa. As bases de bolo, ao contrário, fazem parte do projeto terminado, dando apoio às camadas e aos andares superiores, e, por isso, precisam ser compradas de acordo com as medidas.

Prepare as fôrmas e a massa (p. 46). Divida a massa entre as fôrmas, enchendo todas por igual. Asse como ensinado na p. 46. O bolo menor leva cerca de 1h45 para assar, o médio, 2h30-3 horas, e o grande 3 horas. Quando um palito inserido no centro sair limpo, estão prontos. Deixe esfriar nas fôrmas. Fure a superfície com um garfo e regue com o conhaque. Embrulhe em papel-manteiga e depois em papel-alumínio até a hora de usar. Se for guardar por 1-2 meses, continue umedecendo os bolos com 1-2 colheres de conhaque a cada duas semanas.

cobertura de marzipã

Coloque a base de 15 cm sobre a tábua de 20 cm. Pincele 1 colher (sopa) de geleia no centro e arrume o bolo de 15 cm com o fundo para cima. Se for menor do que a base, faça uma tira de marzipã com a largura da borda e a mesma circunferência e cole no bolo. A altura dos bolos deve ser a mesma. Se necessário, estenda uma camada de marzipã sobre o bolo mais baixo. Repita com os outros bolos, colocando o de 20 cm na base de 20 cm e na tábua de 25 cm, e o de 25 cm na base de 25 cm e na tábua de 30 cm.

Pincele o bolo de 15 cm com geleia e sove 800 g de marzipã até ficar maleável. Estenda até ficar com 5 mm de espessura formando um quadrado pouco maior do que o bolo. Apoie sobre ele, alise e corte o excesso. Cubra os outros dois bolos do mesmo modo, usando 1 kg de marzipã para cada um. Deixe firmar de um dia para o outro.

120-150 PORÇÕES

PARA OS BOLOS

- 1 fôrma quadrada de 15 cm com 7 cm de profundidade
- 1 fôrma quadrada de 20 cm com 7 cm de profundidade
- 1 fôrma quadrada de 25 cm com 7 cm de profundidade
- 2 receitas de massa de Bolo rico de frutas e tamarindo (p. 46)
- 6 colheres (sopa) de conhaque
- 250 g de geleia de damasco aquecida e coada
- 3 kg de marzipã (p. 138)
- açúcar de confeiteiro, para polvilhar

PARA AS TÁBUAS E BASES

- 1 tábua fina quadrada de 20 cm
- 1 tábua fina quadrada de 25 cm
- 1 tábua fina quadrada de 30 cm
- 1 base de bolo quadrada com 15 cm de lado e 1 cm de espessura
- 1 base de bolo quadrada com 20 cm de lado e 1 cm de espessura
- 1 base de bolo quadrada com 25 cm de lado e 1 cm de espessura

montagem

PARA A MONTAGEM

1 base de bolo quadrada com 30 cm de lado e 1 cm de espessura

8 colunas de apoio

PARA COBRIR OS BOLOS

açúcar de confeiteiro, para polvilhar

4 kg de pasta americana na cor creme

2 colheres (sopa) de conhaque ou água fervida

8-10 colheres (sopa) de glacê real branco

para cobrir a base

Polvilhe a base de 30 cm com açúcar de confeiteiro e respingue um pouco de água. Sove 1 kg de pasta americana até ficar maleável, depois polvilhe a superfície de trabalho e o rolo com açúcar de confeiteiro e estenda até formar um quadrado um pouco maior do que a superfície da base e com cerca de 3 mm de espessura. Enrole no rolo sem apertar e levante sobre a base. Alise com as mãos e corte os excessos laterais. Guarde esses excessos em um saco plástico com fecho hermético. Deixe a base secar de um dia para o outro.

para cobrir os bolos

O bolo de 15 cm vai precisar de 800 g de pasta americana e os outros dois de 1 kg cada. Faça um bolo de cada vez. Para cada um, pincele conhaque em todo o marzipã. Além de ser antisséptico, ajuda a fixar a pasta americana. Polvilhe levemente uma superfície de trabalho e o rolo com açúcar de confeiteiro e estenda a pasta americana em um quadrado de 5 mm de espessura e tamanho um pouco maior do que o diâmetro dos bolos, contando laterais e as bases.

Levante a pasta com as mãos, coloque sobre o bolo e alise delicadamente, cobrindo o bolo e a base. Não estique a pasta e trabalhe o mais rápido possível, porque ela seca depressa. Corte os excessos e, se estiverem limpos, guarde em um saco plástico com fecho hermético. Deixe os três bolos firmarem de um dia para o outro.

para a construção

Espalhe 1-2 colheres (sopa) de glacê real no centro da base. Delicadamente deslize o bolo maior da sua tábua, usando uma espátula e colocando-o exatamente no meio da base maior.

Insira quatro colunas de apoio no bolo maior, formando os cantos do quadrado em que vai se apoiar o bolo de 20 cm. Empurre cada coluna até chegar à base e, com uma caneta, marque um ponto 1 mm acima da superfície. Tire as colunas, passe uma faca na marca, corte e deixe do tamanho marcado. Volte a colocar cada coluna no seu orifício.

Espalhe uma colherada de glacê real no centro do bolo maior, tire o bolo de 20 cm da tábua e coloque em cima e no centro do bolo maior, apoiando a base nas colunas escondidas. Repita o processo de colocar as colunas com essa camada intermediária para acrescentar o bolo de cima, de novo usando uma colher de glacê real para fixar.

decoração

para fazer as flores e as borboletas

Você precisa de 12-15 borboletas e cerca de 100 flores em três tamanhos (eu fiz 25 pequeninas de 5 mm, 25 médias de 1 cm e 50 grandes de 1,5 cm).

Os enfeites são colocados ao acaso, por isso apenas dou uma sugestão. Sove um pouco da pasta americana que sobrou da cobertura dos bolos e bases até ficar maleável e estenda com espessura bem fina (no máximo, 2 mm) em uma superfície polvilhada com açúcar de confeiteiro. Corte as flores e borboletas e deixe secar por algumas horas ou, de preferência, de um dia para o outro. Enquanto fazia as flores, eu as colocava em caixas intercaladas com folhas de silicone. Apoie as asas das borboletas em duas colunas paralelas, para secar as asas em posição de voo.

Se quiser, com o glacê real e o saco de confeitar, coloque uma bolinha de glacê e depois disponha, pressionando, um confeito dourado. Se preferir, só coloque um bolinha de glacê no centro. Quando as borboletas secarem, pincele as beiradas das asas com clara e mergulhe no glitter.

Para terminar o bolo, aplique as fitas, colando-as na parte de trás com um pouco de glacê real. No andar do meio, depois de aplicar a organza, coloque duas voltas de fita dourada estreita. Aplique a fita adesiva dupla face na base e cole por cima a fita creme.

Projetos de bolos informais e casuais têm uma grande vantagem. Marcas e defeitos no glacê podem ser disfarçados cobrindo-os com um enfeite! Aplique as borboletas e florzinhas ao acaso nos três andares do bolo, colando-as com glacê real. Como toque final, arranje os dois pombinhos no alto.

PARA OS ENFEITES

açúcar de confeiteiro, para polvilhar
3 cortadores de flores (5 mm, 10 mm, 15 mm)
1 cortador de borboleta de 30 mm
30 g de glacê real branco
100 confeitos dourados pequenos em dois tamanhos (opcional); usei 50 médios e 50 pequenos
1 pincel de pintura pequeno
1 clara levemente batida
1 pote de glitter dourado comestível
2 enfeites de pombas pequenos brancos ou cor de creme (ou outros pássaros)

PARA O ANDAR SUPERIOR
75 cm de fita dourada bordada com 3,5 cm de largura

PARA O ANDAR DO MEIO
95 cm de organza cor de creme com 4 cm de largura
1,90 m de fita dourada com 3 mm de largura

PARA O ANDAR INFERIOR
1,20 m de fita dourada cravejada de pedras com 5,5 cm de largura

PARA A BASE
1 rolo de fita adesiva dupla face com 1,2 cm de largura
1,30 m ou mais de fita creme com 1,5 cm de espessura

PARA ASSAR veja: Bolo rico de frutas e tamarindo, p. 46

espiral de chocolate

Adoro esse bolo tão diferente em forma de cone. Sei de alguém que chegou a usar um cone de trânsito como fôrma... mas não tente isso em casa! Ele é muito fácil de fazer, mas causa bastante sujeira. É bom fazer esse bolo nos meses mais frios, quando é mais fácil trabalhar com chocolate.

25-30 PORÇÕES

- 2 receitas de Bolo de chocolate caseiro (p. 17)
- 2 receitas da Cobertura de chocolate (p. 17)

- 1 folha de papel-cartão A-1
- fita colante
- manteiga, para untar o molde
- 40 g de pasta americana ou marzipã
- 100 g de chocolate com 70% de cacau em quadrados
- 60-70 folhas de hortelã ou de rosa com nervuras bem marcantes, lavadas e bem secas
- 60 confeitos dourados

Faça o cone com a folha de papel-cartão. O centro do lado maior do cartão será sua ponta. Enrole o cartão, cole bem firme no lugar e corte a base para ficar reta. O cone deverá ter cerca de 35 cm de altura e 20 cm de diâmetro. Unte levemente o interior do cone e forre com filme de PVC. Encaixe-o em um recipiente grande, com a ponta para baixo.

Agora corte pedaços de bolo de tamanhos variados, com uma faca afiada, usando como molde cortadores, canecas, pires ou latinhas. Coloque o disco menor na ponta do molde, depois espalhe a cobertura. Vá pondo mais discos, em tamanhos cada vez maiores e adicionando a cobertura entre eles. Preencha os espaços vazios com pedaços de bolo e termine com um bolo inteiro como base. Deixe na geladeira de um dia para o outro.

Com todo o cuidado, inverta o cone no prato de servir ou pedestal. Tire o cartão e o filme de PVC. Faça uma ponta com pasta americana ou marzipã e cole no topo com um pouco de cobertura de chocolate. Espalhe o restante em toda a volta do bolo, preenchendo falhas e alisando as laterais.

Para fazer as folhas de chocolate, derreta o chocolate em banho--maria. Mergulhe o lado de trás das folhas no chocolate e disponha-as, com o lado confeitado para cima, em uma assadeira forrada com papel-manteiga, apoiadas em rolinhos de papel-alumínio para não ficarem planas. Quando o chocolate endurecer (é bom deixar um pouco na geladeira), remova as folhas verdadeiras, puxando-as delicadamente pelos cabinhos. Algumas, com certeza, quebrarão durante esse processo (isso acontece comigo!), por isso faça mais do que irá precisar (eu usei 60 no bolo). Cole as folhas na cobertura de chocolate do cone formando uma espiral. Aquelas que estiverem um pouco quebradas nas bordas podem ser camufladas com outra folha. Finalize com os confeitos dourados.

PARA ASSAR veja: Bolo de chocolate caseiro, p. 17

bolo maria antonieta

Inspirada nos trajes suntuosos e na impressionante confeitaria da corte francesa no Palácio de Versalhes, criei esse lindo bolo de dois andares digno de uma rainha, com seus enfeites de plumas, pérolas, fitas e botões de rosa. Ideal para um casamento, noivado ou aniversário muito especial.

noções básicas

Você pode fazer e congelar os bolos sem glacê e preparar o açúcar de lavanda com um mês de antecedência, para adiantar. As tábuas finas de bolo são apenas para a montagem, por isso, use a que tiver em casa. As bases suportam os andares e devem sem compradas prontas.

Faça três bolos, porque os dois maiores, unidos como um sanduíche, formam o andar inferior. Siga as instruções para fazer o Bolo de laranja (p. 32), assando o bolo menor, mais alto, por 40-45 minutos, e os dois maiores, mais baixos, por 35-40 minutos.

Coloque o açúcar de confeiteiro no processador e adicione a lavanda. Processe até obter um pó muito fino e guarde em um recipiente hermeticamente fechado por uma semana para reforçar o aroma. Peneire e guarde em um recipiente seco e hermeticamente fechado.

cobrindo com o creme de manteiga com lavanda e limão

Na batedeira, bata a manteiga e as raspas de limão por 1-2 minutos até obter um creme fofo. Adicione metade do açúcar de lavanda e bata e bata por 5 minutos. Acrescente o açúcar restante e o suco de limão e volte a bater por 1-2 minutos. Apare o alto dos 3 bolos com uma faca serrilhada até ficarem planos. Eles terão de ter todos a mesma altura, por isso recheie o bolo menor com mais glacê de manteiga do que os maiores e aproveite para preencher falhas e rachaduras.

Corte o bolo menor ao meio e coloque a parte superior virada para baixo na base de 20 cm, fixando-a com creme de manteiga. Coloque sobre a tábua menor. Espalhe o creme na superfície cortada e tampe com a outra metade do bolo. O fundo do bolo agora é a superfície. Para o maior, coloque 1 bolo sobre a base de 25 cm, prenda com creme e ponha sobre a tábua de 30 cm. Espalhe o creme e cubra com o segundo bolo, com o fundo virado para cima. Espalhe o creme restante na superfície e nas laterais dos dois bolos.

RENDE 80 PEDAÇOS PEQUENOS

PARA OS BOLOS
- 1 fôrma redonda de 20 cm de diâmetro e 7,5 cm de profundidade
- 2 fôrmas redondas de 25 cm de diâmetro e 7,5 cm de profundidade
- 3 receitas do Bolo de laranja (p. 32), aromatizado com raspas e suco de limão em vez da laranja

PARA O AÇÚCAR DE LAVANDA
- 550 g de açúcar de confeiteiro peneirado
- 12 ramos de flores de lavanda seca sem agrotóxicos

PARA O CREME DE MANTEIGA
- 450 g de manteiga amolecida
- raspas finas de 2 limões
- 550 g de açúcar de lavanda
- suco de 1 limão

PARA AS TÁBUAS E BASES
- 1 base redonda com 20 cm de diâmetro e 1 cm de espessura
- 1 base redonda com 25 cm de diâmetro e 1 cm de espessura
- 1 base redonda com 30 cm de diâmetro e 1 cm de espessura
- 1 tábua fina e redonda com 25 cm de diâmetro
- 1 tábua fina e redonda com 30 cm de diâmetro

montagem

PARA A PASTA AMERICANA
3 kg de pasta americana branca
corante alimentício vermelho em pasta

PARA A MONTAGEM
açúcar de confeiteiro, para polvilhar
200 confeitos prateados
6-8 colheres (sopa) de glacê real
4 colunas de apoio

para colorir a pasta americana

Corte 100 g da pasta e guarde-a em um saco plástico com fecho hermético à temperatura ambiente. Com ela, serão feitas as rosas e os botões. Tinja a pasta restante com um pouquinho do corante vermelho (p. 11), para obter o rosa-pálido mostrado na foto. Divida a pasta tingida em 3 partes: uma para a base e outras duas para os andares do bolo. Guarde em sacos plásticos separados e com fecho hermético. Deixe descansar de um dia para o outro à temperatura ambiente.

para cobrir a base inferior

Polvilhe a base de 30 cm com açúcar de confeiteiro e respingue água. Sove um terço da pasta tingida de rosa até ficar maleável. Depois, em uma superfície levemente polvilhada com açúcar de confeiteiro, estenda formando um círculo um pouco maior do que a base e com 3 mm de espessura. Levante a pasta e enrole no rolo sem apertar. Coloque sobre a base e alise com as mãos. Apare os excessos das bordas e guarde-os no saco com fecho hermético. Deixe à temperatura ambiente de um dia para o outro antes de decorar.

para cobrir os bolos

Polvilhe levemente uma superfície limpa e plana com açúcar de confeiteiro. Estenda os dois pedaços de pasta americana rosa, um de cada vez, formando círculos com 5 mm de espessura e um pouco maiores do que o diâmetro de cada bolo, contando as laterais e a base. Enrole cada círculo no rolo, desenrole-os sobre os bolos e alise com as mãos. Não estique a pasta e trabalhe com agilidade porque ela seca rapidamente. Corte os excessos na beirada das bases e guarde-os nos sacos com fecho hermético. Com uma faca comprida, faça delicadamente um xadrez na superfície dos bolos (linhas separadas por 1,5 cm), para dar o aspecto de matelassê (como na p. 138). Coloque um confeito prateado em cada intersecção das linhas. O centro do andar de baixo não ficará visível, por isso não é preciso enfeitar. Deixe de um dia para o outro.

para montar o bolo

Espalhe 3-4 colheres (sopa) de glacê real no centro da base inferior. Empurre o bolo maior e sua base para fora da tábua com uma espátula e coloque-os bem no centro da base. Então insira as colunas de apoio, espaçando-as para formar os cantos de um quadrado onde o bolo menor será assentado. Empurre cada coluna até tocar a base e marque com uma caneta uma saliência de 1 mm da superfície. Tire as colunas, passe uma faca na marca, depois quebre e elimine o excesso. Volte a colocá-las no bolo. Espalhe 3-4 colheres (sopa) de glacê real no centro do bolo maior, deslize o bolo e a base menores da tábua e coloque-os sobre o andar inferior, apoiando nas quatro colunas e usando o glacê real como cola.

decoração

Não há necessidade de usar cortadores nesse bolo e, para fazer os volteios, apenas aplique pontinhos de glacê em torno das bordas com o bico de confeitar. Se preferir, substitua as rosas de pasta americana por flores frescas. Para enfeitar, você encontrará uma grande variedade de pérolas, cordões e plumas em uma boa loja de armarinhos.

PARA AS ROSAS E BOTÕES
corante alimentício em pasta verde
corante alimentício em pasta marfim
1 clara
1 pote de glitter comestível transparente
70 g de glacê real branco
bico de confeitar nº 1

PARA A BASE
1 m de trança ou fita com 1,5 cm de largura
fita colante dupla face com 1,2 cm de largura

PARA O ANDAR INFERIOR
90 cm de fita de cetim rosa
90 cm de fita trançada fina rosa

PARA O ANDAR SUPERIOR
70 cm de fitas creme e rosa
70 cm de cordão de pérolas
1 tubinho para flores ou um tubinho de plástico
1 pluma
1 enfeite de pérolas em forma de ramo

para fazer as rosas e os botões

Pegue a pasta americana branca reservada. Tinja cerca de 40 g de verde e 60 g de marfim, usando uma pontinha de palito das respectivas pastas corantes (p. 11). Tinja cerca de 300 g da pasta rosada, reservada para cobrir o bolo, com um rosa mais forte, usando o corante vermelho. Guarde todas as cores em sacos de fecho hermético separados.

Faça alguns botões de rosa de cada vez. Em uma tábua polvilhada com açúcar de confeiteiro, estenda a pasta em tom rosado forte até ficar com 1 mm de espessura. Corte em tirinhas de 10 cm x 1,5 cm e enrole para formar os botões. Corte o excesso na base. Faça dezesseis botões. Para as folhas, use a pasta verde. Com uma bolinha modele uma folha. Risque com uma faca para fazer a nervura central. Faça três folhas grandes (4 cm) e aperte para marcar as nervuras. Mergulhe no glitter. Deixe todas secarem de um dia para o outro.

Para fazer as rosas maiores, veja a p. 129. Faça uma de cada cor: marfim, rosa-pálido e rosa forte. Quando secar, pincele as bordas das pétalas com clara, mergulhe no glitter e agite para tirar o excesso.

os toques finais

Cole as fitas e as contas na parte de trás do bolo com glacê real. Use a fita dupla face para colar a trança na base. Cole os botões de rosa e as folhas com glacê real. Cada andar deve ter oito botões de rosa.

Enfie o tubinho no centro do bolo. Coloque dentro dele a pluma, o ramo de pérolas e um pouco de glacê real para firmar. Cole também as três rosas e as folhas grandes na base da pluma.

Termine a decoração fazendo volteios em semicírculo com o bico de confeitar entre os botões de rosa e, em seguida, os pontinhos. Ficará mais fácil se você inclinar delicadamente o bolo na sua direção colocando um livro sob a tábua. Se ainda assim achar difícil, faça pontinhos ao acaso em toda a lateral com 2,5 cm de intervalo, o que também causa um bom efeito.

PARA ASSAR veja: Bolo de laranja, p. 32

cupcakes e outras guloseimas

bolinhos borboleta

Apesar de serem tipicamente britânicos, esses bolinhos são famosos em todo o mundo. Podem ser assados em forminhas de empada.

RENDE 18-20 BOLINHOS

1 receita de Bolo Vitória (p. 24)

18-20 forminhas de papel pequenas (5 cm de diâmetro na base X 2,5 a 3 cm de altura)
açúcar de confeiteiro, para polvilhar

PARA O CREME DE MANTEIGA SABOR BAUNILHA
200 g de manteiga sem sal amolecida
1 colher (chá) de essência de baunilha
250 g de açúcar de confeiteiro peneirado

PARA O CREME DE MANTEIGA SABOR CHOCOLATE
200 g de manteiga sem sal amolecida
50 g de chocolate em pó
200 g de açúcar de confeiteiro peneirado

Coloque as forminhas de papel em duas fôrmas para empada com doze cavidades e divida a massa igualmente entre elas (se tiver as individuais, disponha-as em uma assadeira grande). Asse por 15 minutos, ou até os bolinhos ficarem firmes ao toque. Deixe nas fôrmas por 1-2 minutos, depois passe para uma grade de metal para esfriar completamente.

Para o creme de manteiga com baunilha, bata a manteiga até obter um creme claro e leve, adicione a baunilha e depois o açúcar de confeiteiro. Bata por 5 minutos até obter um creme bem fofo. Faça o creme de manteiga com chocolate da mesma maneira, adicionando o chocolate em pó com o açúcar de confeiteiro e omitindo a baunilha.

Para fazer as asas, corte uma fatia do topo arredondado de cada bolinho e divida ao meio. Coloque uma colher de creme de manteiga na parte cortada do bolinho e arrume as asas em ângulo. Polvilhe açúcar de confeiteiro e arranje os bolinhos no prato de servir.

PARA ASSAR veja: Bolo Vitória, p. 24

cupcakes luxuosos

Refinados colarinhos rendados de papel envolvem os cupcakes, criando uma apresentação que causa impacto sem exigir esforço; e os colarinhos ainda são reaproveitáveis. Usei em cada cupcake ½ colher (chá) de confeitos prateados de dois tamanhos.

RENDE 12 CUPCAKES

1 receita de massa de Bolo Vitória (p. 24)

6 forminhas de cupcake prateadas
6 forminhas de cupcake douradas
100 g de manteiga sem sal amolecida
100 g de açúcar de confeiteiro
raspas finas de 2 laranjas
500 g de mascarpone
1 colher (chá) de essência de baunilha
1 colher (sopa) de cointreau (opcional)
bico de confeitar estrela grande
saco de confeitar de náilon
3 colheres (chá) de confeitos dourados e prateados
12 colarinhos rendados para cupcakes (disponíveis em casas especializadas em produtos de confeitaria)

Preaqueça o forno a 180°C.

Coloque as forminhas de papel em uma fôrma de cupcakes com doze cavidades e divida a massa entre elas uniformemente. Asse por 15-20 minutos até crescerem bem e estarem firmes ao toque. Deixe na fôrma por 1-2 minutos, depois coloque em uma grade de metal para terminar de esfriar.

Faça a cobertura batendo a manteiga, o açúcar e as raspas de limão por 5 minutos, até obter um creme leve e claro. Acrescente o mascarpone, a baunilha e o licor. (Não bata muito porque pode ficar líquido demais). Com o saco de confeitar e o bico estrela coloque o creme em cada bolinho. Salpique os confeitos nos cupcakes fazendo a correspondência com o tom das forminhas (prateadas e douradas).

Quando estiver pronto para servir, monte os doze colarinhos, coloque um cupcake em cada um e arranje no prato.

PARA ASSAR veja: Bolo Vitória, p. 24

botões de rosa

Uma bandeja repleta desses encantadores cupcakes é perfeita para um chá entre amigas. São adequados também para grandes comemorações ou até casamentos. Os botões de rosa podem ser feitos com até dois meses de antecedência; guarde em uma caixa de papelão à temperatura ambiente.

RENDE 24 CUPCAKES PEQUENOS

1 receita da massa do Bolo Vitória (p. 24)

24 forminhas de papel pequenas (com 5 cm de diâmetro na base e 2,5 a 3 cm de altura)
200 g de manteiga amolecida
1 colher (chá) de água de rosas (opcional)
1 colher (chá) de essência de baunilha
250 g de açúcar de confeiteiro, mais um pouco para polvilhar
corante alimentício em pasta cor-de-rosa
150 g de pasta americana branca
60 g de glacê real verde
1 pote de glitter transparente (opcional)

Preaqueça o forno a 180°C. Coloque as forminhas de papel em duas fôrmas para empada com doze cavidades, ou em individuais, e divida a massa entre elas uniformemente. Asse por 15 minutos ou até crescerem e ficarem firmes ao toque. Mantenha nas fôrmas por 1-2 minutos, depois transfira para uma grade de metal para terminar de esfriar.

Para fazer a cobertura, bata a manteiga até obter um creme claro e fofo. Adicione a água de rosas, se quiser, e a baunilha. Junte o açúcar de confeiteiro e bata por 5 minutos ou até ficar bem leve, acrescentando o corante para conseguir o tom de rosa desejado. Espalhe a cobertura em todos os cupcakes com uma espátula.

Para fazer os botões de rosa, divida a pasta americana em três partes e tinja cada uma com um tom diferente de rosa, começando com o mais forte (p. 11). Guarde em sacos plásticos com fecho hermético separados. Polvilhe açúcar de confeiteiro em uma tábua e no rolo e estenda um pouco da pasta americana com 1-2 mm de espessura. Corte três ou quatro tiras de 10 cm x 1,5 cm e enrole-as para formar o botão. Corte o excesso na base. Repita até fazer 24 botões, oito de cada tonalidade diferente de rosa. Coloque um botão em cada cupcake.

Corte a ponta da embalagem do glacê real verde em forma de "V" (o "V" deve ficar apontado para a embalagem) e use-o para fazer 1-2 folhas em cada cupcake. Espalhe o glitter sobre os bolinhos, se desejar.

PARA ASSAR veja: Bolo Vitória, p. 24

bolinhos com flores cristalizadas

Perfeitos para uma festa na primavera, eles são simplesmente encantadores. Nessa receita, usei tons pastel bem suaves de lavanda e verde para complementar as flores usadas, mas você pode usar a cor que desejar.

RENDE 20–24 BOLINHOS

1 receita da massa do Bolo de laranja (p. 32)

20-24 forminhas de papel pequenas
600 g de açúcar de confeiteiro peneirado
5-7 colheres (sopa) de suco de laranja
corante alimentício roxo
corante alimentício verde
20-30 flores e folhas comestíveis cristalizadas (usei lavanda, pequeninos botões de rosa, margaridas, cravinas e folhas de gerânio e de alecrim, p. 107)
70 g de glacê real branco

Preaqueça o forno a 170°C.

Forre as cavidades de duas fôrmas para empadas, ou individuais, com forminhas de papel. Divida a massa entre elas de maneira uniforme: encha cada uma até a metade, porque é necessário espaço para colocar o glacê. Asse por 15 minutos, ou até os bolinhos crescerem e estarem firmes ao toque. Deixe na fôrma por 1-2 minutos, depois passe para uma grade de metal para esfriar.

Divida o açúcar de confeiteiro entre 2 tigelas. Coloque um pouco de suco de laranja nas duas até obter uma pasta suficientemente espessa que recubra as costas de uma colher. Adicione um pouquinho de corante roxo a uma delas e misture bem até obter o tom desejado. Cubra a tigela com filme de PVC (o glacê seca muito depressa) enquanto tinge o glacê da outra tigela com o corante verde.

Para passar o glacê nos bolinhos, retorne-os às fôrmas, isso facilitará muito o trabalho. Use cada cor de glacê na mesma quantidade de bolinhos. Espalhe com as costas de uma colher até ficar da mesma altura das forminhas. Para grudar as flores e folhas cristalizadas, guarde um pouco de glacê de cada cor em potinhos separados e feche-os hermeticamente. Conservar na geladeira por 3-4 dias. Deixe secar por algumas horas. O glacê pode ser colocado com dois dias de antecedência, mas só acrescente as flores no dia em que os bolinhos serão consumidos.

Para terminar, cole as flores e folhas cristalizadas usando um pouquinho de glacê real. Arrume em travessas e espalhe as flores e folhas restantes entre eles.

PARA ASSAR veja: Bolo de laranja, p. 32

copinhos de sorvete

O sonho da criançada: sorvetes que não derretem! Perfeitos para qualquer festa infantil ou piquenique, eles podem ser decorados como os verdadeiros, com tubetes de waffer ou gotas de chocolate. Use sua imaginação ou peça ajuda às crianças. Os bolinhos são assados diretamente nas casquinhas, por isso, sirva-os logo – eles começam a secar em um ou dois dias.

RENDE 20-25 COPINHOS

1 receita da massa do Bolo de laranja (p. 32)

20-25 casquinhas de sorvete em formato de copinho
1 receita de creme de manteiga (p. 9)
gotas de essência de menta
corante alimentício verde
1 colher (chá) de essência de baunilha
corante alimentício rosa (ou vermelho)
saco de confeitar de náilon
bico estrela grande
tubetes de chocolate
gotas de chocolate pequenas
confeitos de bolinha coloridos

Preaqueça o forno a 170°C.

Coloque todos os copinhos de sorvete em uma assadeira. Divida a massa de bolo entre eles uniformemente e asse por 15-17 minutos, ou até ficar firme ao toque. Deixe esfriar em uma grade de metal.

Divida o creme de manteiga entre três tigelas. Junte à primeira um pouquinho de essência de menta e de corante verde e misture até obter a cor desejada. Adicione a baunilha à segunda tigela e misture bem. Na terceira tigela, pegue um pouco de corante rosa com a ponta de um palito e faça ondas para obter um efeito marmorizado.

Coloque o creme de manteiga de baunilha no saco de confeitar e aplique em um terço dos copinhos de sorvete. Finalize com um tubete de chocolate. Lave o saco de confeitar e o bico e repita com o creme de manteiga verde, salpicando as gotas de chocolate. Volte a lavar o saco e o bico. Finalmente aplique o creme de manteiga rosa marmorizado nos copinhos restantes e decore com confeitinhos coloridos.

Arranje em um prato de bolo ou bailarina.

PARA ASSAR veja: Bolo de laranja, p. 32

fondant fancies

Os doces preferidos dos meus filhos sempre foram os cubinhos de bolo cobertos com glacê, encontrados em qualquer supermercado na Inglaterra. Segundo as crianças, os que eu preparava às vezes eram semelhantes a eles, mas nunca melhores! Essa é minha receita com um toque contemporâneo, glaceados em cores pastel.

RENDE 25 CUBOS

1 receita da massa do Bolo Vitória (p. 24)

90 g de manteiga sem sal amolecida, mais um pouco para untar
1,36 kg de açúcar de confeiteiro peneirado
1 colher (chá) de essência de baunilha
corantes alimentícios em pasta de diferentes cores (escolha as que mais lhe agradarem)
seleção de pequeninas flores de açúcar, confeitos e figo cristalizado
2 sacos de confeitar pequenos

Preaqueça o forno a 180°C. Unte uma fôrma quadrada de 20 cm de lado e 7 cm de profundidade e forre com papel-manteiga. Coloque a massa na fôrma e asse por 35 minutos, ou até um palito inserido no centro sair limpo. Mantenha por alguns minutos na fôrma e depois desenforme sobre uma grade de metal para terminar de esfriar.

Para fazer o creme, junte a manteiga, 110 g do açúcar de confeiteiro e a baunilha (p. 9). Divida o bolo ao meio na horizontal, recheie com o creme de manteiga e coloque na geladeira ou no freezer para firmar por cerca de 1 hora.

Enquanto isso, prepare o glacê. Coloque o açúcar restante em uma tigela grande e vá adicionando água aos pouquinhos, até o glacê ficar suficientemente espesso para recobrir as costas de uma colher. Procure deixá-lo mais firme que de costume porque os corantes podem amolecer o glacê.

Divida o glacê em cinco tigelas e tinja cada porção de uma cor diferente. Cubra as tigelas com filme de PVC para os glacês não secarem.

Tire o bolo da geladeira e vire-o com o fundo plano para cima. Com uma faca afiada, corte 25 quadradinhos. Pegue cinco deles e coloque na grade de metal. Despeje uma colherada de glacê sobre cada um cobrindo também as laterais, usando as costas de uma colher (chá) para ajudar a espalhar. Enquanto ainda estão úmidos, enfeite com a decoração escolhida: florzinhas de açúcar, confeitos e pedacinhos de figo cristalizado para fazer as folhas. Uma opção é usar o glacê em uma cor contrastante ao da cobertura para decorar: coloque um pouquinho num saco de confeitar de papel, corte a pontinha e aplique em zigue--zague sobre alguns bolinhos. Repita com as outras quatro cores de glacê, até todos os cubinhos estarem decorados.

PARA ASSAR veja: Bolo Vitória, p. 24

cupcakes de menta

Amo o contraste entre o bolo de chocolate e esse creme de manteiga clarinho com sabor de menta. O chocolate da massa também deve ser mentolado, o que é mais fácil encontrar em formato de gotas. Também pode ser aromatizado com um pouquinho de essência.

RENDE 16-18 CUPCAKES

1 receita da massa de Bolo de chocolate caseiro, feita com chocolate meio amargo aromatizado com menta (p. 17)

18 forminhas de papel para cupcakes
200 g de manteiga sem sal amolecida
250 g de açúcar de confeiteiro peneirado
algumas gotas de essência de menta, a gosto
corante alimentício verde
18 raminhos de hortelã fresca (p. 107)

Preaqueça o forno a 180ºC.

Coloque as forminhas de papel em duas fôrmas para cupcake e divida a massa entre elas uniformemente. Asse por 25-30 minutos. Quando a massa estiver firme ao toque, retire do forno e coloque em uma grade de metal até esfriar completamente.

Enquanto isso, bata a manteiga e o açúcar de confeiteiro por 5 minutos, no mínimo, até obter um creme bem fofo. Adicione a essência de menta e um toque de corante verde.

Com uma espátula, espalhe o creme de manteiga sobre os cupcakes e decore com um raminho de hortelã.

PARA ASSAR veja: Bolo de chocolate caseiro, p. 17

cupcakes de chocolate com pimenta

O chocolate com pimenta é usado para essa linda e brilhante cobertura, e cada cupcake é decorado com uma pimenta vermelha inteira... mastigue, se tiver coragem! Não se preocupe com a ardência na cobertura, pois o sabor é suave. Se você não gosta de pimenta, experimente coberturas com outros sabores: chocolate com um toque de baunilha ou café.

RENDE 15 CUPCAKES

½ receita da massa do Bolo festivo de chocolate (p. 14)

15 forminhas de papel para cupcakes
65 g de açúcar
160 g de chocolate com 55-70% de cacau com sabor de pimenta em pedaços finos
2 colheres (sopa) de glucose de milho
30 g de manteiga sem sal
16 pimentas vermelhas

Preaqueça o forno a 170°C. Coloque as forminhas de papel em duas fôrmas para cupcakes com doze cavidades. Divida a massa igualmente entre elas e asse por 17-20 minutos, ou até os bolinhos ficarem firmes ao toque. Não se preocupe se racharem: a cobertura cobrirá as falhas. Retire do forno e deixe esfriar em uma grade de metal.

Enquanto isso, faça a cobertura. Em uma panela de fundo grosso, aqueça lentamente em fogo baixo 125 ml de água, o açúcar, o chocolate e a glucose de milho. Deixe ferver, mexendo sem parar para não grudar, por 3 minutos ou até engrossar. Retire do fogo e adicione a manteiga.

Deixe esfriar, depois coloque colheradas de cobertura sobre os cupcakes. Se a cobertura engrossar demais antes de ter terminado, volte a aquecer lentamente. Coloque uma pimenta sobre cada cupcake e deixe esfriar para firmar.

coberturas com outros sabores

chocolate-baunilha Use chocolate meio amargo e adicione, com a manteiga, 1 colher (chá) de essência de baunilha.

chocolate-café Use chocolate meio amargo e substitua os 125 ml de água por café forte.

PARA ASSAR veja: Bolo festivo de chocolate, p. 14

cupcakes margarida e girassol

A moda dos cupcakes começou em Nova York. Há pouco tempo estive lá e fiquei realmente fascinada com a grande variedade de cores vibrantes que encontrei. Esses foram inspirados nas fabulosas criações de Manhattan.

RENDE 12 CUPCAKES

1 receita da massa de Bolo de cenoura e pecãs (p. 43)

12 forminhas de papel para cupcakes
80 g de manteiga sem sal
60 g de açúcar de confeiteiro peneirado
raspas finas de 1 laranja
1 colher (sopa) de maple syrup
150 g de cream cheese
corante alimentício em pasta amarelo
2 sacos de confeitar
96 minipastilhas de chocolate amarelas
96 minipastilhas de chocolate marrons

Preaqueça o forno a 160°C.

Coloque as forminhas de papel em uma fôrma para cupcakes com doze cavidades. Divida a massa entre elas e asse por 25-30 minutos, ou até os bolinhos ficarem firmes ao toque. Deixe na fôrma por 1-2 minutos, depois transfira para uma grade de metal para esfriar por completo.

Enquanto isso, faça o glacê. Bata a manteiga, o açúcar, as raspas de laranja e o maple syrup até obter um creme claro e fofo. Em uma tigela separada, bata o cream cheese até ficar liso, depois misture com o creme de manteiga. Não bata muito, porque pode ficar mole demais para ser usado no saco de confeitar. Se isso acontecer, deixe na geladeira por 1 hora para firmar. Divida entre duas tigelas e tinja uma delas de amarelo-claro, adicionando açúcar se ficar muito líquido.

Encha um saco de confeitar com o glacê amarelo e o outro com o branco. Com a tesoura, corte um "V" (com a ponta do "V" virada para o saco) e faça pétalas nos cupcakes. Coloque um pouco de glacê branco no centro de cada flor e faça o miolo com as minipastilhas de chocolate, amarelas para as margaridas e marrons para os girassóis.

PARA ASSAR veja: Bolo de cenoura e pecãs, p. 43

presentinhos doces

Todos nós amamos receber um presente embrulhado em um lindo papel, e esses pacotinhos comestíveis são uma delícia. As crianças adorarão ajudar a decorá-los, e as possibilidades são infinitas (p. 202). Se quiser, decore o bolo inteiro como um único presente em vez de cortá-lo em quatro.

RENDE 4 PACOTES

- 1 receita da massa de Bolo de chocolate caseiro (p. 17)
- 1 receita da Cobertura de chocolate (p. 17)

- manteiga, para untar
- 4 tábuas quadradas e finas para bolo com 15 cm de lado
- 1,2 kg de pasta americana branca
- açúcar de confeiteiro, para polvilhar
- 4 pedaços de fita com 80 cm de comprimento e 1,5 cm de largura em cores fortes
- 60 g de glacê real branco
- 4 pingentes de seda
- 80 minipastilhas de chocolate, sendo 20 na cor de cada fita

Preaqueça o forno a 180°C. Unte uma fôrma quadrada de 23 cm de lado e forre o fundo com papel-manteiga. Despeje a massa e asse por 40-50 minutos, ou até um palito inserido no centro do bolo sair limpo. Deixe na fôrma até esfriar completamente.

Coloque o bolo na geladeira por 1-2 horas. Ele ficará mais firme e não soltará migalhas ao ser cortado. Vire com o fundo para cima, corte ao meio no sentido horizontal e recheie com um pouco da cobertura de chocolate. Apare os lados e corte em quatro quadrados iguais. Fixe-os nas tábuas colocando no centro um pouco da cobertura de chocolate. Espalhe a cobertura por todos os lados dos bolos, cobrindo-os inteiramente. Tome cuidado para não deixar escorrer na tábua: pare 1 cm acima para o chocolate não manchar a pasta americana branca.

Separe a pasta americana em quatro porções. Polvilhe a superfície de trabalho e o rolo com um pouco de açúcar de confeiteiro e estenda cada pedaço até ficar com 5 mm de espessura e formar um quadrado um pouco maior do que a superfície e as laterais do bolo. Levante um quadrado, coloque-o sobre o bolo, alise com as mãos e corte o excesso. Repita com os outros três bolos.

Imite dobras de papel com o lado cego de uma faca em duas extremidades opostas de cada pacote. Prenda os pedaços de fita nos lados opostos de cada bolo usando glacê real. Não introduza as pontas da fita sob o bolo porque poderão manchar. Faça um laço e cole-o, com um pingente, sobre cada pacote. Finalize a decoração colando as minipastilhas.

PARA ASSAR veja: Bolo de chocolate caseiro, p. 17

SNELGROVE

chapeuzinhos

Banque o chapeleiro maluco e crie seus próprios modelos com bolo e glacê. Depois, sirva suas deliciosas criações em um divertido chá à moda do País das Maravilhas.

RENDE 7 CHAPÉUS

1 receita de Bolo Vitória assado em duas fôrmas de 20 cm de diâmetro e 2,5-3 cm de altura (p. 24)

700 g de pasta americana branca
corante alimentício preto
corante alimentício violeta
4 tábuas de bolo finas com 7,5 cm de diâmetro
1 tábua de bolo fina com 5,0 cm de diâmetro
2 tábuas de bolo finas com 10 cm de diâmetro
açúcar de confeiteiro, para polvilhar
1 jogo de cortadores redondos de metal (10 cm, 7,5 cm, 5 cm e 4 cm)
8 colheres (sopa) de geleia de damasco aquecida e coada
60 g de glacê real branco
seleção de fitas, tule, confeitos, penas, tranças e pequeninas flores de seda

Tinja 100 g de pasta americana para a cartola, usando os corantes preto e violeta (p. 11), coloque em um saco plástico com fecho hermético e reserve.

Polvilhe todas as tábuas com um pouco de açúcar de confeiteiro e respingue levemente com água. Faça as abas dos chapéus: polvilhe a superfície de trabalho e o rolo, estenda uma parte da pasta americana até ficar com 3 mm de espessura. Usando os cortadores redondos, corte dois discos de 10 cm, três discos de 7,5 cm e um de 5 cm. Coloque-os sobre as respectivas tábuas. Estenda um pouco da pasta colorida na espessura de 3 mm, corte um disco de 7,5 cm e cubra a última tábua. Estique de leve a pasta americana ao redor das bordas das tábuas para cobri-las bem, escondendo-as, conforme pode ser visto nas fotos. Espalhe um pouco de geleia no centro de cada uma.

Para formar a copa dos chapéus, recorte vários discos de bolo. Usando um pouco mais de geleia, junte dois discos de 5 cm para a cartola, três discos de 5 cm para o chapéu sofisticado e dois de 4 cm para o boné. Neste último, com uma faca afiada, faça um corte em ângulo na copa para que fique meio tombada para trás. Corte mais quatro rodelas de bolo de 5 cm para os outros chapéus. Pincele todos com geleia.

Em seguida, polvilhe outra vez a superfície de trabalho e o rolo com um pouquinho de açúcar de confeiteiro, estenda a pasta branca restante e cubra todas as copas (exceto a cartola). Cubra a cartola com a pasta tingida. Alise a pasta com as mãos e, quando estiver satisfeita com os formatos, coloque os bolinhos nas tábuas. Cole o boné perto da borda da tábua menorzinha para formar a aba. Decore a seu gosto.

PARA ASSAR veja: Bolo Vitória, p. 24

bolinhos de três andares

Uma receita feita em forminhas de três tamanhos para compor os três andares do bolinho. A ideia é muito versátil: experimente com Bolo de chocolate caseiro (p. 17); Bolo Vitória (p. 24); Bolo com casquinha crocante de limão (p. 31) ou Bolo de laranja (p. 32).

RENDE 8 BOLINHOS

1 receita de massa de Bolo de cenoura e pecãs (p. 43)

- 400 g de pasta americana branca
- corante alimentício em pasta cor violeta
- 8 forminhas de papel de três tamanhos diferentes
- 3 colheres (sopa) de geleia de damasco
- açúcar de confeiteiro, para polvilhar
- 3 cortadores com bordas onduladas (usei 33 mm, 50 mm, 65 mm)
- 60 g de glacê real branco
- 64 confeitos coloridos
- 112 florzinhas de açúcar
- 1,60 m de fita com 5 mm de largura
- 2,40 m de fita com 5 mm de largura em cor contrastante
- 2,40 m de fita com 2,5 cm de largura

Tinja a pasta americana com um pouquinho de corante (p. 11) na cor pedida. Guarde em um saco plástico com fecho hermético à temperatura ambiente até a hora de usar.

Preaqueça o forno a 160°C. Coloque as forminhas de papel nas fôrmas apropriadas. Se você não tem, faça-os em uma assadeira comum, mas eles podem ficar com o formato irregular. Divida a massa entre as forminhas. Asse os bolinhos menores por 15 minutos, os médios por 20 minutos e os maiores por 25-30 minutos, ou até ficarem firmes ao toque.

Retire do forno e deixe esfriar em uma grade de metal. Quando os bolinhos estiverem frios, retire-os das forminhas de papel. Aqueça a geleia de damasco em uma panelinha, coe e pincele a superfície de todos os bolinhos. Polvilhe açúcar de confeiteiro na superfície de trabalho e no rolo. Estenda a pasta americana até ficar com 5 mm de espessura. Corte oito discos de cada tamanho dos bolinhos e coloque sobre cada um. Passe um pouco de glacê real em um bolinho maior, coloque por cima um bolinho médio e termine com o pequeno. Repita até formar oito bolinhos de três andares.

Decore com oito confeitos o andar de cima, seis florzinhas de açúcar o andar do meio e oito o de baixo, usando o glacê real para colar. Corte oito tiras de 20 cm da fita mais estreita para o andar de cima e cruze as pontas na frente, colando atrás com glacê real. Repita no andar de cima e no de baixo, usando pedaços de 30 cm das fitas contrastantes, com 5 mm e 2,5 cm de largura. Esses bolinhos podem ser guardados em um recipiente hermeticamente fechado por até 2 dias, depois ficam secos.

PARA ASSAR veja: Bolo de cenoura e pecãs, p. 43

festinha no jardim

Os pequenos são fascinados por joaninhas e outros insetinhos do jardim (até por minhocas!). Os enfeites para esses cupcakes podem ser feitos com algumas semanas de antecedência, mas devem estar totalmente prontos no mínimo na véspera do consumo. Guarde em uma caixa de papelão à temperatura ambiente.

RENDE 32 CUPCAKES PEQUENOS

1 receita de massa de Cupcakes de tâmara (p. 64) sem o Creme salgado de caramelo

350 g de pasta americana branca
corante alimentício vermelho
corante alimentício pink
corante alimentício preto
corante alimentício amarelo
50 g de glacê real preto
50 g de glacê real branco
4 colheres (chá) de chocolate granulado
8 tiras compridas de alcaçuz
açúcar de confeiteiro, para polvilhar
1 cortador em formato de coração com 1,5 cm (opcional)
32 forminhas de papel
1 receita de creme de manteiga sabor baunilha (p. 9)
24 palitos
2 colheres (chá) de confeitos coloridos
40 minipastilhas de chocolate vermelhas
40 minipastilhas de chocolate cor-de-rosa

Faça todos os bichinhos pelo menos um dia antes. Divida a pasta americana em cinco tigelas. Deixe uma em branco e tinja as outras com os corantes vermelho, pink, preto e amarelo (p. 11). Guarde em cinco sacos plásticos com fecho hermético à temperatura ambiente.

Para as joaninhas, faça oito bolas de pasta vermelha e modele-as de modo que fiquem um pouco mais finas na cabeça. Com uma faca, marque uma linha no meio para as asas. Faça bolinhas bem pequenas de pasta preta e cole com glacê real preto para formar as cabeças. Com um bico de confeitar, modele os olhos com glacê real branco e depois faça pintas pretas no dorso. Para as aranhas, enrole oito bolinhas com a pasta preta restante, achate e role em chocolate granulado. Faça as pernas com quatro tiras de alcaçuz de 5 cm e prenda embaixo com glacê real preto. Com o saco de confeitar, faça dois olhos em branco.

Para as minhocas, faça oito rolinhos de pasta pink, deixando-os um pouco mais grossos na região da cabeça e marque o dorso com um palito. As caudas são feitas com oito rolinhos menores e mais finos na ponta, também marcadas com o palito. Para as abelhas, molde oito bolinhas amarelas, fazendo o lado da cabeça um pouco mais grosso, e, com o saco de confeitar, desenhe três faixas pretas em cada corpo e dois olhos pretos. Estenda a pasta americana branca e corte dezesseis corações para formar as asas. Prenda com glacê real branco.

Preaqueça o forno a 180°C. Coloque as forminhas de papel em três assadeiras (ou asse em lotes). Despeje a massa e asse por 12-15 minutos. Retire do forno, espere alguns minutos e coloque na grade de metal para esfriar. Cubra-os com o creme de manteiga. Introduza um palito em cada bichinho e espete nos cupcakes. Para as minhocas, empurre o corpo para dentro de oito bolinhos, deixando de fora a cabeça e a cauda para dar a impressão de que o bicho está atravessando a cobertura. Espalhe ¼ de colher (chá) de confeito colorido sobre as aranhas e minhocas. Arranje 5 minipastilhas de chocolate vermelhas em torno das joaninhas e 5 minipastilhas rosa em volta das abelhas.

PARA ASSAR veja: Cupcakes de tâmara, p. 64

doce canteiro

Esse lindo canteiro é perfeito! Flores de pirulitos, grama de açúcar verde e folhas de pasta americana tornam esses bolinhos de limão com cobertura de laranja fáceis e rápidos de fazer.

RENDE 15 CUPCAKES

1 receita da massa do Bolo com casquinha crocante de limão (p. 31)

60 g de açúcar colorido verde ou 60 g de açúcar cristal com algumas gotinhas de corante alimentício verde
15 forminhas de papel para cupcakes pequenos
½ receita de creme de manteiga sabor laranja (p. 9)
50 g de pasta americana tingida de verde
15 pirulitos com a superfície branca
canetas para confeitaria com tinta comestível em cores diversas

Para fazer a grama, caso não encontre o açúcar colorido pronto, misture uma ou duas gotas de corante verde em uma tigelinha, depois adicione o açúcar. Esfregue com os dedos até todo o açúcar ficar tingido. Deixe secar por algumas horas. Preaqueça o forno a 180°C.

Coloque as forminhas de papel em duas fôrmas para cupcakes pequenos, distribua a massa e asse por 20-25 minutos, ou até os bolinhos ficarem firmes ao toque. Passe para uma grade de metal e deixe esfriar.

Espalhe o creme de manteiga na superfície dos bolinhos já frios. Polvilhe o açúcar colorido.

Faça as folhas cortando tiras em diagonal da pasta americana verde. Desenhe as flores nos pirulitos usando canetas para confeitaria com tinta comestível. Coloque uma flor de pirulito no centro de cada cupcake e arranje duas folhas ao lado da base. Arrume em uma travessa, sob uma campânula de vidro ou entre vasinhos de flores verdadeiras.

PARA ASSAR veja: Bolo com casquinha crocante de limão, p. 31

bolinhos bebezinho

Versão menor e caseira dos tradicionais bolinhos encontrados em supermercados no Brasil, essas graciosas guloseimas são ideais para festas. Os enfeites podem ser feitos com antecedência e guardados à temperatura ambiente em uma caixa de papelão. Os bolinhos podem ser feitos no máximo com dois dias de antecedência, mais do que isso ficarão secos.

RENDE 80 BOLINHOS

1 receita de Bolo com casquinha crocante de limão (p. 31)

80 forminhas de papel pequenas (3,5 cm de diâmetro na base e 2 cm de altura)
500 g de açúcar de confeiteiro peneirado, mais um pouco para polvilhar
5-6 colheres (sopa) de suco de limão
corante alimentício azul
corante alimentício amarelo
corante alimentício rosa (ou vermelho)
100 g de pasta americana branca
3 cortadores de flores (5 mm, 1 cm e 1,5 cm)
1 cortador de borboletas com 1,5 cm de largura
60 g de glacê real branco
1 bico de confeitar nº1

Preaqueça o forno a 180°C. Coloque as forminhas de papel em fôrmas para petit fours ou em assadeiras comuns. Os formatos talvez fiquem irregulares, mas isso faz parte do charme. Distribua a massa entre elas e asse por 8-10 minutos, ou até os bolinhos ficarem firmes ao toque. Deixe esfriar em uma grade de metal.

Coloque o açúcar de confeiteiro em uma tigela e acrescente o suco de limão aos poucos até obter uma mistura com consistência para recobrir as costas de uma colher. Divida igualmente entre três tigelas. Acrescente um pouquinho de corante azul à primeira e misture até obter o tom desejado. Cubra a tigela com filme plástico para evitar que seque. Repita o processo com as duas outras tigelas, usando os corantes amarelo e rosa.

Coloque 1 colher (chá) de glacê em cada bolinho, usando cada cor em um terço deles. Espalhe delicadamente até as bordas com as costas de uma colher. Deixe descansar por 2-3 horas para secarem. Divida a pasta americana em três pedaços, tinja um deles em um tom de rosa-pálido (p. 11) e guarde em um saco plástico com fecho hermético à temperatura ambiente. Repita com as duas outras partes da pasta, colorindo uma de azul-pálido e a outra de amarelo-pálido. Estenda sobre uma superfície de trabalho polvilhada com açúcar de confeiteiro até ficar com 2 mm de espessura. Corte as flores e borboletas e deixe-as secar por algumas horas. Durante a secagem, apoie as asas das borboletas em espetos ou lápis para dar a impressão de que estão voando.

Com o glacê real, cole as flores e borboletas nos bolinhos. Trabalhe ao acaso, para que fiquem diferentes. Como toque final, com o saco de confeitar, faça pontinhos nos bolinhos e no centro das flores. Arranje numa bandeja.

PARA ASSAR veja: Bolo com casquinha crocante de limão, p. 31

delícias de Natal

Ideais quando se tem muitas pessoas para presentear, como no Natal, no Dia dos Professores ou como lembrancinha de alguma comemoração. Corte quadradinhos de um bolo grande, se preferir, mas eu escolhi assá-los em latas de atum em conserva. A massa pode esperar por 1-2 horas, porque será preciso assá-las em lotes, a não ser que você goste demais de atum e tenha 22 latinhas vazias...

RENDE 22

1 receita de massa de Bolo de frutas secas com rum (p. 44)

manteiga, para untar as latinhas de conserva (pelo tamanho, as mais adequadas são as de atum)
2-3 colheres (sopa) de rum, mais 6 colheres (sopa) para o glacê
9 colheres (sopa) de geleia de damasco
22 tábuas pequenas e finas para bolo com 10 cm de diâmetro
açúcar de confeiteiro, para polvilhar
2 kg de marzipã (p. 138)
6,5 m de fitas ou ráfia
60 g de glacê real branco
seleção de frutinhas e flores artificiais, canela em pau, fatias de laranja secas e flores de anis-estrelado

Forre as latinhas com o máximo de cuidado. Elas precisam ser untadas com manteiga em toda a superfície interna e forradas com papel-manteiga também untado. Deixe que o papel ultrapasse 1 cm da borda para facilitar a retirada dos bolos.

Preaqueça o forno a 140°C. Divida uniformemente a massa entre as latinhas, usando pouco mais de 100 g para cada uma. Asse por 45-50 minutos, ou até um palito inserido no centro sair limpo. Deixe esfriar por 15 minutos, passe para uma grade de metal e espere esfriar completamente. Regue os bolinhos com gotas de rum.

Coloque a geleia e o rum em uma panelinha. Deixe ferver, depois coe. Espalhe um pouco no centro de cada tábua, coloque os bolinhos e pincele toda a superfície, inclusive as laterais.

Polvilhe a superfície de trabalho e o rolo com açúcar de confeiteiro e abra cerca de 100 g de marzipã até obter 5 mm de espessura. Estenda sobre um bolinho, aperte levemente nas bordas e corte o excesso. É importante o bolo ficar totalmente recoberto pelo marzipã, para não perder a umidade. Repita a operação com todos os bolinhos. Deixe secar de um dia para o outro.

Corte pedaços de fita de 30 cm e prenda-os na base dos bolinhos, fixando com um pouco de glacê real. Outra opção para decorar é torcer a ráfia e amarrá-la em volta dos bolinhos, terminando com um nó. É mais divertido decorar cada bolo de maneira diferente, usando um raminho de frutas artificiais, canela em pau, fatias de laranja seca ou flores de anis-estrelado. Use o glacê real para fixá-los no lugar. Embale os bolinhos em papel-celofane (p. 202) e finalize com uma fita ou cartãozinho de presente.

PARA ASSAR veja: Bolo de frutas secas com rum, p. 44

bonecos de neve

Nem todos querem comer bolos de frutas no Natal, e esses adoráveis cupcakes são bem simples para as crianças ajudarem na decoração.

RENDE 20 CUPCAKES PEQUENOS

1 receita de massa para Bolo gelado surpresa (p. 56)

20 forminhas de papel metalizado
600 g de pasta americana branca
açúcar de confeiteiro, para polvilhar
cortador redondo com 6 cm de diâmetro
3 sacos de confeitar pequenos descartáveis
60 g de glacê real branco
60 g de glacê real preto
30 g de glacê real vermelho
açúcar, para polvilhar
40 minitubos de bala mastigável em vários sabores e cores (regaliz)
40 minipastilhas de chocolate

Coloque as forminhas de papel em duas fôrmas para cupcakes pequenos. Distribua a massa do bolo de maneira que fique acima da borda, formando um montinho, e leve à geladeira para firmar.

Para a cabeça dos bonecos de neve, faça vinte bolinhas de pasta americana branca (do tamanho de uma cereja). Polvilhe a superfície de trabalho e o rolo com açúcar de confeiteiro e estenda a pasta restante até ficar com 5 mm de espessura. Use o cortador para fazer vinte círculos. Coloque um sobre cada bolinho e alise para assentar bem no lugar. Com o glacê real, cole a cabeça do boneco nos bolinhos. Deixe secar por algumas horas.

Corte os minitubos de bala em tiras finas e compridas, com cerca de 5 mm de largura por 12 cm de comprimento (se for necessário, emende dois minitubos). Reserve.

Com sacos de confeitar, faça dois olhos pretos e um nariz vermelho em cada cabecinha e, usando glacê real, cole duas minipastilhas de chocolate para os botões. Termine enrolando uma tira de bala no pescoço de cada boneco, fixando com um pouco de glacê real.

PARA PREPARAR veja: Bolo gelado surpresa, p. 56

veganinhos

Esses bolinhos veganos ficam lindos em uma travessa ou bandeja, ou embalados em uma caixa arrematada com um belo laço de fita, para presentear.

Preaqueça o forno a 140°C. Coloque as forminhas de papel em três fôrmas para cupcakes pequenos com doze cavidades, ou leve ao forno em lotes. Divida a massa de bolo entre as forminhas e asse por cerca de 20-25 minutos, ou até os bolinhos ficarem firmes ao toque. Deixe esfriar em uma grade de metal.

Aqueça lentamente a geleia em uma panelinha e passe por uma peneira. Pincele os bolinhos e decore cada um com 3 pecãs, 4 amêndoas e 4 metades de cereja. Coloque o açúcar de confeiteiro em uma tigela e, pouco a pouco, adicione o rum, até obter consistência adequada para usar no saco de confeitar, adicionando 1 colher (chá) de água, se necessário. Coloque no saco de confeitar e decore os bolinhos.

Deixe secar bem e arranje em uma bandeja ou coloque em uma caixa de presente.

RENDE 34

1 receita da massa do Bolo de frutas vegano (p. 52)

34 forminhas de papel para cupcakes pequenos
8 colheres (sopa) de geleia de damasco
102 nozes-pecãs
136 amêndoas inteiras sem pele
68 cerejas glaceadas cortadas ao meio
150 g de açúcar de confeiteiro peneirado
2-2½ colheres (sopa) de rum
saco de confeitar grande

PARA ASSAR veja: Bolo de frutas vegano, p. 52

biscoitos

amanteigados recheados

Com os amanteigados, você pode experimentar muitos recheios. Por que não creme de limão ou de chocolate com avelã, geleia de morango ou doce de leite? O delicado desenho do glacê é outro recurso que enriquece o visual. Aproveite os minibiscoitos em diferentes formatos, retirados dos centros vazados, para servir acompanhando o cafezinho. Irresistível!

RENDE 40 BISCOITOS, 20 SE FOREM RECHEADOS

1 receita de Biscoitos amanteigados (p. 74)

farinha de trigo, para polvilhar
cortador redondo com 6,5 cm de diâmetro
cortador redondo com 2,5 cm de diâmetro
cortador de coração com 2,5 cm de diâmetro (opcional)
cortador de estrela com 2,5 cm de diâmetro (opcional)
cortador de flor com 2,5 cm de diâmetro (opcional)
60 g de glacê real branco
2 colheres (chá) de recheio para cada par de biscoito (geleia de morango, creme de chocolate com avelã, creme de limão ou doce de leite)

Preaqueça o forno a 170°C.

Em uma superfície enfarinhada, estenda a massa até ficar com 3 mm de espessura e, com o cortador redondo de 6,5 de diâmetro, faça 40 biscoitos. Use os cortadores menores – círculo, coração, estrela ou flor – para abrir o centro de metade dos biscoitos no formato desejado. Se a ideia for congelá-los, coloque-os entre folhas de papel-manteiga no recipiente que irá para o freezer. Eles devem ser descongelados 1 hora antes de assar.

Coloque os biscoitos em duas assadeiras forradas com papel--manteiga. Asse por 12-15 minutos. (Talvez seja preciso assá-los em lotes.) Deixe esfriar nas assadeiras, depois transfira cuidadosamente com uma espátula para uma grade de metal. Deixe até ficarem completamente frios.

Despeje o glacê real em fio, indo de um lado para o outro sobre os biscoitos vazados. Deixe secar.

Coloque os recheios escolhidos em todos os biscoitos restantes e faça sanduíches, juntando com os biscoitos glaceados.

PARA ASSAR veja: Biscoitos amanteigados, p. 74

biscoitos rendados

As toalhinhas de papel rendado surgiram há muitos anos, como uma alternativa barata para as toalhas de linho e crochê usadas pela aristocracia do século 17. Por volta da década de 1950, passaram a ser um símbolo da mobilidade social. Nenhum chá da tarde com o vigário da cidade seria completo sem elas! Com nosso atual interesse por tudo o que é retrô, elas ressurgiram. Esses biscoitos são divertidos de fazer. Use os menores cortadores que encontrar.

RENDE 30 BISCOITOS

1 receita de Biscoitos amanteigados de baunilha (p. 76)

farinha de trigo, para polvilhar
cortador de coração com 8 cm de largura
cortadores pequeninos (os menores que encontrar)

Estenda a massa até ficar com 3 mm de espessura. Ela é bastante untuosa, por isso polvilhe tanto a superfície de trabalho como o rolo com farinha e gele para firmar, se necessário. Depois que a massa estiver estendida, deixe descansar na geladeira antes de recortar as figuras. Com o cortador de coração, corte 30 biscoitos. A essa altura, você pode congelá-los. Com muito cuidado, coloque-os sobre papel-manteiga em um recipiente que possa ir ao freezer. Eles devem ser descongelados 1 hora antes de assar.

Na hora de assar, preaqueça o forno a 180°C. Coloque os biscoitos sobre papel-manteiga e faça desenhos vazados com os minicortadores. Usando um palitinho, faça pequenos orifícios nos biscoitos para formar um desenho ao seu gosto.

Asse por 12-15 minutos ou até ficarem levemente dourados. Retire do forno e deixe-os esfriar na assadeira por alguns minutos antes de transferir para uma grade de metal. Ao esfriar, ficam firmes. Sirva em uma travessa, com ou sem as legítimas toalhinhas de papel rendadas!

PARA ASSAR veja: Biscoitos amanteigados de baunilha, p. 76

biscoitos de Páscoa

As crianças vão se divertir ajudando com a decoração desses deliciosos biscoitos! Se preferir, você pode pendurá-los e fazer uma gincana, para ver quem consegue ganhar mais desses mimos pascais.

RENDE 24

1 receita de Biscoitos amanteigados de baunilha (p. 76)

farinha de trigo, para polvilhar
jogo de cortadores sortidos (usei um coelho, um ovo e um pintinho, todos com 7-8 cm de comprimento)
700 g de pasta americana branca
corante alimentício em pasta amarelo
corante alimentício em pasta verde
açúcar de confeiteiro, para polvilhar
60 g de glacê real branco
60 g de glacê real rosa
60 g de glacê real amarelo
2 m de fita xadrez lilás com 5 mm de largura
2 m de fita xadrez laranja com 5 mm de largura
2 m de fita xadrez pink com 5 mm de largura

Preaqueça o forno a 180ºC. Estenda a massa usando bastante farinha (ela é bem untuosa) até chegar a 3-4 mm de espessura. Corte os biscoitos com os cortadores escolhidos e coloque em duas assadeiras forradas de papel-manteiga. Com um espeto, faça um furinho na parte superior de cada biscoito, para a passagem da fita. Asse por 12-15 minutos ou até ficarem levemente dourados. Deixe esfriar em uma grade de metal, refazendo os furinhos com o espeto.

Divida a pasta americana em três partes e coloque em sacos plásticos com fecho hermético separados. Mantenha uma parte branca para os coelhos, tinja outra de amarelo para os pintinhos e a outra de verde-pálido para os ovos (p. 11).

Polvilhe açúcar de confeiteiro na superfície de trabalho, estenda a pasta branca até chegar a 2 mm de espessura. Com o cortador de coelho, corte a mesma quantidade que fez de biscoitos nesse formato. Repita com a pasta amarela para os pintinhos e a verde para os ovos. Com o saco de confeitar, coloque um pouco de glacê real branco e cole os bichinhos de pasta americana nos biscoitos. Faça um furinho na mesma altura da dos biscoitos para passar a fita. Com o glacê rosa, faça nos coelhos uma orelha, um olho e pontinhos no corpo, e um olho no pintinho; com o glacê amarelo, decore o ovo.

Deixe a pasta americana e o glacê secarem de um dia para o outro. Corte as fitas em pedaços de 25 cm e passe pelos biscoitos.

PARA ASSAR veja: Biscoitos amanteigados de baunilha, p. 76

folhas de outono

Um dos prazeres do outono é caminhar sobre o tapete de folhas secas que caem das árvores. Mas não é preciso esperar por essa época do ano para fazer esses biscoitos deliciosos, perfeitos para acompanhar um chá ou um café. Formatos de folhas são muito simples de fazer porque são formas orgânicas e dispensam cortadores. Eu fiz um molde com plástico.

RENDE 30-40 FOLHAS

1 receita da massa de Biscoitos de gengibre (p. 73)

farinha de trigo, para polvilhar
cortadores em formato de folhas, molde plástico ou folhas em papelão (cada um com cerca de 8 cm)
uma pitada de pó de ouro comestível
pincel pequeno para pintura

Estenda a massa em uma superfície levemente enfarinhada até ficar com 4 mm de espessura. Acomode em uma bandeja e leve à geladeira por 30 minutos, para facilitar o manuseio. Com uma faca afiada, corte a massa em volta do molde e, com a ponta, risque as nervuras nas folhas. Coloque em assadeiras forradas com papel-manteiga. Se a massa ficar mole demais enquanto trabalha, leve de novo à geladeira para firmar. Muito mole, será impossível cortar. Preaqueça o forno a 180°C.

Asse por 10-15 minutos, os biscoitos escurecem um pouco. Mantenha no forno desligado por alguns minutos, depois transfira para uma grade de metal para terminar de esfriar. Assim, eles ficarão crocantes.

Quando estiverem totalmente frios, pincele as folhas com um pouquinho de pó de ouro usando um pincel pequeno.

PARA ASSAR veja: Biscoitos de gengibre, p. 73

vitrais natalinos

Esses enfeites ficam encantadores em uma árvore de Natal: o "vidro" colorido brilha quando iluminado por velas ou luzes. Os biscoitos só duram alguns dias na árvore, portanto, coma-os antes de amolecerem. Use cortadores com formatos natalinos, em dois tamanhos de cada um.

RENDE CERCA DE 20

1 receita da massa de Biscoitos de gengibre (p. 73)

15-20 balas coloridas transparentes
farinha de trigo, para polvilhar
cortadores de coração de 9 cm e de 3,5 cm
cortadores de pinheiro de 12 cm e de 4 cm
cortadores de anjo de 10 cm e de 3,5 cm
cortadores de floco de neve de 13 cm e de 5 cm
5 m de fita bem fininha

Preaqueça o forno a 180°C. Coloque as balas coloridas (ainda embrulhadas) em sacos plásticos separadas por cor. Triture as balas batendo com o rolo de massa. Forre duas assadeiras com papel-manteiga.

Estenda a massa em uma superfície levemente enfarinhada até ficar com 4 mm de espessura e corte os biscoitos com os cortadores grandes. Com os cortadores menores, recorte o mesmo formato no centro de cada biscoito, deixando-o vazado. Com um espeto, faça um furinho pelo qual passará a fita. É importante prestar atenção no local do furo porque ele afetará o modo como o biscoito ficará pendurado na árvore. Reúna os centros retirados, amasse de novo e volte a estender a massa, repetindo até terminar. Talvez seja preciso gelar a massa, se ela amolecer demais nesse processo. Coloque os biscoitos nas assadeiras, asse por 5 minutos e retire do forno.

Coloque uma quantidade equivalente a ½-1 bala esmagada em cada centro vazado, aumente o furinho para a fita, se necessário, e leve os biscoitos de volta ao forno. Asse por mais 5-10 minutos, refaça novamente os furinhos para a fita e deixe esfriar nas assadeiras.

Corte a fita em pedaços de 25 cm de comprimento e passe em cada biscoito. Pendure os biscoitos na árvore de Natal.

PARA ASSAR veja: Biscoitos de gengibre, p. 73

móbile de pássaros

Um enfeite mágico para um quarto de criança, um terraço ou uma janela. Os biscoitos podem ser de qualquer formato: flocos de neve ou estrelas no Natal, borboletas, corações, flores ou animais. Use os cortadores que tiver ou faça um molde.

RENDE 15 OU 20 PÁSSAROS
7 PÁSSAROS COMPÕEM 1 MÓBILE

½ receita da massa de Biscoitos de gengibre (p. 73)

farinha de trigo, para polvilhar
cortador (ou molde) em forma de pomba
cortador (ou molde) em forma de andorinha
14 confeitos verdes
30 g de glacê real branco
1 rolo de fita cor de laranja de 1,5 cm de largura
1 bastidor de bordar com 20 cm de diâmetro
1 anel de papelão de um rolo de fita adesiva
5 botões verdes com furos grandes
1 rolo de fita cor de laranja com 5 mm de largura

Preaqueça o forno a 180°C. Forre uma assadeira com papel-manteiga. Deixe a massa na geladeira e depois estenda-a, em uma superfície de trabalho enfarinhada, até obter uma espessura de 4 mm. Recorte os pássaros e, com um espeto, faça um furinho em cada um para passar a fita. É importante prestar atenção no lugar do furo porque ele vai afetar o modo como o pássaro ficará pendurado. Aperte um confeito em cada pássaro para fazer o olho. Asse por 10-15 minutos. Retire do forno e refaça os furinhos com o espeto. Deixe firmar por alguns minutos, depois transfira para uma grade de metal. Quando esfriarem por completo, eles ficarão crocantes. Cole então um olho de confeito no outro lado de cada pássaro, usando o glacê real.

Para fazer o móbile, recubra todo o bastidor dando voltas com a fita laranja mais larga, sobrepondo onde necessário, e prenda com um nó firme no interior do bastidor. Recubra também o anel de papelão da mesma maneira.

Corte a fita restante em quatro pedaços. Passe um pedaço pelo orifício de um botão e amarre em torno do bastidor com um nó. Repita com os outros três pedaços de fita e mais três botões, espaçando-os uniformemente no bastidor. Pegue as pontas das quatro fitas, passe-as pelo anel de papelão e depois pelo último botão. Dê um nó bem feito.

Pegue 60 cm da fita estreita e passe pelo botão de cima. Isso servirá para pendurar o móbile.

Corte cinco pedaços da fita estreita em comprimentos diferentes e passe pelo furinho de cada biscoito. Pendure dois no anel de papelão e cinco no bastidor.

PARA ASSAR veja: Biscoitos de gengibre, p. 73

25 boas ideias

Quase tudo o que existe pode servir para decorar, por isso junte uma coleção de itens à medida que for encontrando.

1 velas
Existe uma incrível variedade de velas e castiçais no mercado. Um bolo com muitas velas de formatos diferentes causa impacto. Tome muito cuidado com velas em bolos: elas precisam ficar bem longe das outras decorações, especialmente de fitas e flores artificiais.

2 velas em potinhos de metal
São encontradas em qualquer supermercado. Coloque em uma tangerina com parte da polpa eliminada ou faça um colarinho com pasta americana. Uma vez fiz, usando pasta americana, uma coroa com estrelas vazadas. Coloquei sobre um bolo com uma velinha dentro.
No escuro ficou lindo!

3 nas prateleiras do bairro
Não há necessidade de comprar em sites especializados da internet. Existe um mundo de possibilidades nos supermercados e lojas da sua vizinhança. Use a criatividade. Eu descobri pequeninos confeitos coloridos, flores de açúcar, pétalas de rosa e violetas cristalizadas.

4 flores frescas
Escolha suas preferidas e, se não forem comestíveis, retire-as antes de cortar o bolo. Coloque 3 ou 5: elas sempre parecem mais atraentes quando se usa um número ímpar. Você pode pincelar as bordas das pétalas com clara e mergulhar em um pote de glitter colorido ou transparente (adoro fazer isso com rosas brancas e vermelhas no Natal). Fica sensacional!

5 flores de papel colorido
É facílimo fazer flores de papel de seda ou de papel crepom. Arrume-as em círculo sobre o bolo.

6 frutinhas frescas
Para uma decoração instantânea e linda, pincele frutas vermelhas frescas com clara e mergulhe em açúcar comum para cristalizar (p. 107). Adicione algumas folhas de hortelã ou de louro: elas causam um belo efeito.

7 doces e chocolates
Faça desenhos com eles ou limite a paleta de cores, usando apenas vermelho e branco, ou preto e branco.

8 fitas, cordões e fios de contas
As fitas constituem uma decoração de grande efeito. Enrole-as em torno do bolo, use-as em camadas, sobreponha diferentes cores ou faça um alinhavo na borda de uma fita e puxe para fazer flores.

9 papel recortado ou estêncil
Gosto especialmente de usar um recorte de coração para um bolo em formato de coração. Na superfície de um bolo bem plano, coloque o recorte de papel ou faça seu próprio estêncil (talvez com as iniciais do aniversariante) e polvilhe açúcar de confeiteiro ou chocolate em pó. Tire o papel com todo o cuidado para revelar o desenho.

10 caixinhas de presentes
Embrulhe caixinhas de fósforos com papel para presente, liso ou estampado. Amarre-as com fitas estreitas e decore com enfeites miniatura – experimente lacinhos e flores. Coloque-as em um bolo de aniversário ou Natal.

11 embalagens recicladas
Guarde caixinhas de presente, saquinhos de celofane, fitas, papel de seda. Use para embalar biscoitos feitos em casa.

12 minibiscoitos
Use qualquer uma das minhas receitas para fazer biscoitos redondos pequeninos. Antes de assar, faça 2 ou 4 furinhos no centro para parecerem botões. Depois de assar, refaça os orifícios quando saírem do forno e passe fios ou fitas por eles, formando pequenas guirlandas.

13 embrulhado para presente
Um bolo quadrado pode ser um presente comestível. Embale o bolo preferido da pessoa em pasta americana. Transforme-a em "papel de presente", desenhando com corantes, ou cole balas, flores de

açúcar ou confeitos. Para, o Natal, desenhe folhas de azevinho e cole estrelas. Amarre com uma fita bonita e acrescente um cartão escrito à mão.

14 sem tempo para fazer?

Decore um bolo comprado pronto. Se for um pão de ló, prepare um glacê de manteiga aromatizado (p. 9) e recheie ou apenas cubra. Decore com qualquer das ideias deste livro. Ou então compre bolinhos industrializados, cubra com o creme de manteiga e decore com confeitos.

15 brincando de decorar

Entretenha as crianças por horas pedindo-lhes que transformem bolinhos em insetos. Forneça a elas todos os tipos de confeitos que tiver em casa. Elas podem fazer corpos e pernas com doces.

16 remende a falha

Se alguém (ou você mesma) surrupiou uma fatia do bolo, disfarce o crime. Fatie todo o bolo, abra um espaço entre as fatias e coloque uma decoração ou então cubra com glacê.

17 canetas de tinta comestível

Uma invenção maravilhosa. Compre em lojas de decoração de bolos. Você pode desenhar qualquer coisa na pasta americana, de simples rabiscos a desenhos intrincados, em uma grande variedade de cores. A pasta deve secar por completo antes de receber o desenho. Depois, deixe secar por no mínimo 24 horas.

enfeites para o Natal

18 luzes coloridas

Dê vida a um bolo com um conjunto de lampadinhas de Natal com bateria. Enrole o fio em torno do bolo ou passe-o entre frutas cristalizadas.

19 faça um relevo

Cubra o bolo com marzipã e glacê e deixe secar de um dia para o outro. Escolha um cortador grande no formato de sua preferência – uma estrela ou um pinheiro – e use-o para cortar, atravessando a camada de glacê. Tire a parte cortada, pincele o marzipã exposto com um pouco de geleia de damasco derretida e complete com confeitos pequeninos.

20 arranjo natural

Corte um copo de plástico pela metade, coloque um pouco de musgo, umedeça e plante raminhos e florzinhas para criar um belo arranjo. Polvilhe bastante açúcar de confeiteiro para criar a "neve" e termine com glitter transparente.

21 canela em pau

Amarre com ráfia um feixe de canela em pau e complete o arranjo com uma vela e uma rosa vermelha. O bolo deve ser totalmente branco.

22 decore com doces

Faça um desenho de sino, meia ou pinheiro com doces miúdos, como jujubas ou minipastilhas de chocolate. Ou inspire-se no meu Bolo mosaico (p. 90) e crie formas geométricas.

23 frutas cristalizadas

Pegue um bolo coberto de marzipã – ou totalmente glaceado – e faça uma pilha de frutas cristalizadas no centro. Coloque algumas folhas de louro frescas (avise os convidados que não são comestíveis!). Se quiser, umedeça as folhas com um pouquinho de água e aplique um toque de ouro (p. 68).

24 frutinhas artificiais

Pegue galhos de frutinhas artificiais, torça e enrole formando um círculo do mesmo diâmetro do bolo. Coloque essa guirlanda sobre o bolo, que deve ser branco, e arremate com uma fita vermelha larga na base.

25 cortadores de biscoitos

Compre alguns cortadores – boneco, pinheiro ou estrela – e use-os para fazer um lote de biscoitos. Lave os cortadores e empilhe 3 ou 4 biscoitos dentro deles. Coloque em um saquinho de celofane (dica 11), com uma cópia da receita manuscrita, e amarre com fitas. Dê de presente ou use para decorar.

índice

Bake & Decorate foi publicado pela primeira vez em 2010 pela Quadrille Publishing Limited
Alhambra House
27-31 Charing Cross Road
London WC2H 0LS
www.quadrille.co.uk

Coordenação do projeto: Publifolha
Editora-assistente: Fabiana Medina
Coordenação de produção gráfica: Mariana Metidieri
Produção gráfica: Samantha Rodrigues Monteiro

Produção editorial e editoração eletrônica: Clim Editorial
Tradução: Evelyn Kay Massaro
Preparação: Antonio Mello
Revisão: Jussara Lopes
Consultoria: Laura Tremolada

Edição original: Quadrille Publishing
Diretora editorial: Anne Furniss
Diretora de criação: Helen Lewis
Editora: Lucy Bannell
Projeto gráfico: Claire Peters
Fotos: Laura Hynd
Produção: Rachel Jones
Diretor de produção: Vincent Smith
Controle de produção: Aysun Hughes

PUBLIFOLHA

Divisão de Publicações do Grupo Folha
Al. Barão de Limeira, 401, 6º andar
CEP 01202-900, São Paulo, SP
Tel.: (11) 3224-2186/2187/2197
www.publifolha.com.br

Impresso na China por Toppan Leefung.

créditos das toalhas de mesa
Fornecidas pela Cloth House (www.clothhouse.co.uk): p. 23 rosa floral; p. 25 floral; p. 29 listrada azul e branca; p. 63 bolinhas azuis e listrada vermelha; p. 70 floral colorida; p. 91 branca bordada; p. 142 branca. Fornecidas pela Sanderson (www.sanderson-uk.com): p. 42 floral (design: Mirande); p. 83 floral (design: Rosanna); p. 145 bordada com pontinhos (design: Carreg). Fornecida pela Designers Guild (www.designersguild.com): p. 77 floral de seda (design: Rosamund Celadon). Fornecida pela Osborne & Little (www.osborneandlittle.com): p. 142 papel de parede (design: Mandara).

Pessoas com restrições alimentares devem ficar atentas aos ingredientes indicados nas receitas.

O forno deve ser preaquecido na temperatura indicada.

As fotos deste livro podem conter acompanhamentos ou ingredientes meramente ilustrativos.

Dados Internacionais de Catalogação na Publicação (CIP)
(Câmara Brasileira do Livro, SP, Brasil)

Cairns, Fiona
Bolos, cupcakes e outros quitutes / Fiona Cairns ; [traduzido por Evelyn Kay Massaro]. -- São Paulo : Publifolha, 2012.

Título original: Bake & decorate.
ISBN 978-85-7914-411-0

1. Bolos (Culinária) 2. Cupcakes (Culinária) 3. Receitas I. Título.

12-14011 CDD-641.8653

Índices para catálogo sistemático:
1. Bolos : Receitas: Culinária : Economia doméstica 641.8653

Este livro segue as regras do Acordo Ortográfico da Língua Portuguesa (1990), em vigor desde 1º de janeiro de 2009.

Agradecimentos aos fornecedores
produtos de confeitaria: Jane Asher www.janeasher.com;
Squires Kitchen www.squires-shop.com
fitas, plumas, enfeites de borboletas e pássaros: V V Rouleaux www.vvrouleaux.com
ráfia: Nutscene Direct www.nutscenedirect.com
folhas de ouro: Gold Leaf Supplies www.goldleafsupplies.co.uk
acessórios de cozinha e suportes de bolo: www.re-foundobjects.com
cerejas decorativas (p. 95) www.originalcandyco.com

A palavra "agradecimento" parece inadequada aqui. Criar um livro é um processo coletivo, e eu gostaria de agradecer a muitas pessoas.

Em primeiro lugar, minha agente Heather Holden-Brown e a Elly James, pela paciência. Um agradecimento especial para Anne Furniss, da Quadrille, por acreditar em mim e me dar essa oportunidade. Para minha editora, Lucy Bannell, foi um privilégio trabalhar com você. Para Laura Hynd, por suas lindas fotos. Para Claire Peters pelo projeto, e Rachel Jones pela criação tão sensível.

Para meu velho amigo, Jacqui Pickles, o melhor cozinheiro que conheço, pelo preparo e teste das receitas. Obrigada. Sem sua simpatia e crítica construtiva, este livro não seria o que é.

Para Rachel Eardley. Seu talento é excepcional, e sua criatividade não tem limites. Agradeço por tudo e por ter me substituído no trabalho!

Quero agradecer a Chris Adams, minha querida amiga, confeiteira e talentosa jardineira. Agradeço pela ajuda e orientação (e especialmente pelas formosas flores cristalizadas).

Minha gratidão ao pessoal da Bakery. Somos abençoados por ter essa equipe excepcional. Um obrigada especial para Mary Doody (suas rosas são as melhores!), Diane Pallett, Angela Withers e Kasia Skotnicka-Tkacz.

Para Anna Tyler. Seu entusiasmo e sua disposição de trabalhar arduamente na cozinha foram extraordinários e tornaram tudo mais fácil. Nunca conseguirei agradecê-la o suficiente. Agradeço também sua mãe, Joan, por experimentar as receitas e por seus sábios comentários, e Kiki Everard, Amanda Taylor e Eleanor Kilpatrick. John Moore e David Marshall-Cook, vocês foram ótimos ao criar o clima das fotos. Para David Trumper, da Jane Asher, e Jade Johnston, da Kitchen Range Cookshop do mercado de Harborough, pela paciência. Meus agradecimentos a Marina Hill pela digitação tão eficiente.

Agradeço a minha mãe por me incentivar a preparar bolos ainda bem jovem, com resultados muito variáveis! Obrigada também a Lyn Hall que anos atrás mostrou o rumo da minha vida, tendo me ensinado primeiro o significado da excelência.

E por último, mas não menos importante, a Kishore, por conduzir tudo com tanto brilhantismo e por ser meu mais valioso crítico! E agradeço meus filhos, Hari e Tara, que suportaram meses de desorganização. Muitas vezes vocês foram banidos da cozinha sem se queixar (na maioria das vezes), mas sem sua ajuda este livro não teria sido possível. Obrigada.